Jan-Alexander Scheideler

Entsteht hier ein Cluster?
Eine Netzwerkanalyse der Bochumer
IT-Sicherheitsbranche

Diplomica® Verlag GmbH

Scheideler, Jan-Alexander: Entsteht hier ein Cluster? Eine Netzwerkanalyse der Bochumer IT-Sicherheitsbranche, Hamburg, Diplomica Verlag GmbH 2010

ISBN: 978-3-8366-8521-4
Druck: Diplomica® Verlag GmbH, Hamburg, 2010

Bibliografische Information der Deutschen Nationalbibliothek:
Die Deutsche Nationalbibliothek verzeichnet diese Publikation in der Deutschen Nationalbibliografie; detaillierte bibliografische Daten sind im Internet über http://dnb.d-nb.de abrufbar.

Die digitale Ausgabe (eBook-Ausgabe) dieses Titels trägt die ISBN 978-3-8366-3521-9 und kann über den Handel oder den Verlag bezogen werden.

© Diplomica Verlag GmbH
http://www.diplomica-verlag.de, Hamburg 2010
Printed in Germany

Inhaltsverzeichnis

Abbildungsverzeichnis

Tabellenverzeichnis

Abkürzungsverzeichnis

AG ITS Arbeitsgruppe IT-Sicherheit

Bd. Band

BITS Branchenbuch IT-Sicherheit

BMBF Bundesministerium für Bildung und Forschung

BMWi Bundesministerium für Wirtschaft und Technologie

BRD Bundesrepublik Deutschland

BSI Bundesamt für Sicherheit in der Informationstechnik

bzw. beziehungsweise

ca. circa

d. h. das heißt

e.V. eingetragener Verein

EFRE Europäischer Fonds für regionale Entwicklung

etc. et cetera

EU Europäische Union

f. folgende (Seite)

ff. fortfolgende (Seiten)

H. Heft

HGI Horst Görtz Institut für Sicherheit in der Informationstechnik

if(is) Institut für Internetsicherheit

IHK Industrie- und Handelskammer

IIE Institute for Information Economics

ISEB Institut für Sicherheit im E-Business

IT Informationstechnologie

ITS IT-Sicherheit

Jg. Jahrgang

NRW Nordrhein-Westfalen

o.J. ohne Jahresangabe

S. Seite

STMWIVT Bayerisches Staatsministerium für Wirtschaft, Infrastruktur, Verkehr und Technologie

USA United States of America

usw. und so weiter

vgl. vergleiche

z. B. zum Beispiel

ZITS Zentrum für IT-Sicherheit

1 Hintergrund und Problemstellung

Seitdem Michael E. Porter 1990 mit seinem Werk „The Competitive Advantage of Nations" den Clusterbegriff prägte, erfreut sich sein Konzept in der Politik und praktischen Umsetzung stetig wachsender Beliebtheit. Inspiriert von den frühen Erfolgen einiger Mustercluster wie beispielsweise dem Silicon Valley, wurden bisher zahlreiche Versuche unternommen, diese Erfolge auf andere Wirtschaftsregionen zu übertragen. Ein gutes Beispiel hierfür ist die Strukturpolitik der Europäischen Union. War diese in der vergangenen Förderperiode bis 2006 noch sehr auf flächendeckenden Ausgleich regionaler Disparitäten ausgerichtet, so wird in der aktuellen Förderperiode seit 2007 zum Beispiel im Rahmen des Ziels 2 „Wettbewerbsfähigkeit und Beschäftigung" nun auch gezielt Clusterpolitik gefördert. Die direkte Koppelung von Fördergeldern an die Umsetzung von Clusterstrategien hat damit auch Auswirkungen auf die Strukturpolitik von Bund und Ländern, die über die europäischen Vorgaben hinaus auch eigene Programme zur Clusterförderung aufgelegt haben (vgl. Kapitel 2.5). Von der Umsetzung der Clusterpolitik erhoffte Wirkungen sind eine effizientere Vergabe strukturpolitischer Mittel durch die Konzentration auf nur wenige Wachstumskerne, die Ausstrahlungseffekte auf ihr Umland entwickeln sowie die Sicherung der internationalen Wettbewerbsfähigkeit dieser Cluster.

Trotz der großen politischen Popularität werden Cluster in der Wissenschaft durchaus kontrovers diskutiert. Die Clusterforschung hat sich zwar schon einige Zeit als interdisziplinäres Forschungsfeld an der Schnittstelle von Wirtschafts-, Raum- und Sozialwissenschaften etabliert, durch die unterschiedlichen Perspektiven entstanden aber auch zahlreiche komplementäre und konkurrierende Konzepte sowie eine große Anzahl unterschiedlicher Clusterdefinitionen. Innerhalb des wissenschaftlichen Diskurses führte dies eher zu Uneinigkeit und Konfusion, statt zur Entwicklung einer einheitlichen Clustertheorie (vgl. MARTIN U. SUNLEY 2003, S. 12). REHFELD (2005a, S. 136) ist der Meinung, dass die Wissenschaft in Deutschland mit dem Aufkommen des Clusterkonzepts „erst die Orientierung und dann den Anschluss" an die regionale Strukturpolitik verloren hat. Insofern verwundert es wenig, dass die Identifikation und Entwicklung neuer Cluster heutzutage recht selten auf Basis aktueller wissenschaftlicher Erkenntnisse erfolgt, sondern von den politischen Entscheidungsträgern häufig private Beratungsunternehmen zu Rate gezogen werden. Deren methodisches Handwerkszeug ist im Vergleich zur wissenschaftlichen Clusterforschung jedoch oft beschränkt, da private Unternehmen eher zur Verwendung einfacher und kostengünstigerer Analyseverfahren, anstelle von aufwendigen, aber ergiebigeren Erhebungen neigen. Daraus ergibt sich ein großer Mangel an qualitativen empirischen Clusteruntersuchungen.

Die meisten bisher veröffentlichten Clusterstudien setzen nach wie vor auf einfache Konzentrationsmaßzahlen. Oft genügt dabei schon eine geringe räumliche Konzentration von Unternehmen derselben Branche, um von einem Cluster zu sprechen. Darüber, ob zwischen diesen Unternehmen und unterstützenden Institutionen überhaupt Verbindungen bestehen, geben solche Methoden allerdings keine Auskunft. Dabei ist es aber genau dieses, auf den ersten Blick oft undurchschaubare, Beziehungsgeflecht von Kommunikation und Transaktion, Kooperation und Konkurrenz zwischen Zulieferern, verwandten Unternehmen und unterstützenden Institutionen, das einen Cluster definiert. Um also verlässliche Aussagen über die Qualität und den inneren Aufbau eines Clusters zu tätigen, ist es notwendig, die Beziehungen zwischen den Unternehmen und Institutionen zum Gegenstand der Untersuchung zu machen. Mit der Netzwerkanalyse steht für derartige Untersuchungen eine schon sehr ausgereifte Methodik zur Verfügung, die bisher allerdings noch wenig verbreitet ist. Die wenigen Fälle, in denen die Netzwerkanalyse in Deutschland auf die Untersuchung von Clustern oder Wissensnetzwerken angewandt wurde, liefern jedoch bereits sehr viel versprechende Ergebnisse (vgl. BRANDT U. KRÄTKE 2007; KRÄTKE U. SCHEUPLEIN 2001).

1.1 Ziel der Untersuchung

Ziel dieser Studie ist es, mit der Methode der Netzwerkanalyse die Transaktions- und Kommunikationsbeziehungen zwischen Unternehmen und Institutionen am Beispiel der Bochumer IT-Sicherheitsbranche zu analysieren und zu visualisieren, und damit implizit einen Beitrag zur empirischen Clusterforschung zu leisten. Ausgehend von der Vermutung eines IT-Sicherheitsclusters in der Rhein-Ruhr-Region wird eine Totalerhebung des Bochumer IT-Sicherheitsnetzwerkes als Ausschnitt aus diesem Cluster durchgeführt und geprüft, welche Rückschlüsse sich daraus auf den regionalen Cluster ziehen und welche Handlungsempfehlungen für die clusterfördernden Akteure[1] vor Ort ableiten lassen.

---

[1] Aus Gründen der besseren Lesbarkeit wird auf die explizite Nennung beider Geschlechter verzichtet, wobei die Verwendung der männlichen Form beide Geschlechter einschließt.

Die empirische Untersuchung orientiert sich dabei an folgenden Forschungsfragen:

1. Welche Geschäftsbeziehungen gibt es zwischen den Unternehmen der IT-Sicherheitsbranche in Bochum?
2. Welche Kommunikationsbeziehungen gibt es zwischen den Unternehmen der IT-Sicherheitsbranche und ihren fördernden Institutionen?
3. Wie wichtig sind für diese Branche der wechselseitige Austausch von Informationen und der enge Kontakt zur Forschung?
4. Wie sind die zukünftigen Entwicklungschancen für die Branche?
5. Welche Rückschlüsse liefern die Ergebnisse aus Bochum über die Existenz bzw. den Entwicklungsstand eines regionalen IT-Sicherheitsclusters?

1.2 Aufbau der Untersuchung

Zunächst werden die theoretischen Grundlagen der Untersuchung erläutert. Kapitel 2 beschäftigt sich mit dem Begriff der wirtschaftlichen Cluster. Nach einer kurzen Einführung in Porters Cluster Konzept wird ein Überblick über den aktuellen Stand der Clustertheorie gegeben und mit der evolutionären Clusterentwicklung sowie dem mehrdimensionalen Clusterbegriff zwei Weiterentwicklungen von Porters Ansatz vorgestellt. Darauffolgend wird der Begriff des Netzwerkes umrissen und vom Clusterbergriff abgegrenzt. Nach einer Vorstellung einiger Methoden der empirischen Clusterforschung wird abschließend auf Clusterpolitik und Clustermanagement eingegangen.

In Kapitel 3 werden Grundzüge der Netzwerkanalyse erläutert, die für das Verständnis der methodischen Vorgehensweise und der Ergebnisse benötigt werden. Angesprochen werden u. a. die verschiedenen Typen von Relationen, unterschieden zwischen Gesamtnetzwerken und persönlichen Netzwerken, Methoden zur Datenerhebung, die Berechnung verschiedener Zentralitätsmaßzahlen und Verfahren zur Untersuchung von zusammenhängenden Teilgruppen.

Kapitel 4 befasst sich im Übergang zum empirischen Teil der Untersuchung mit einigen grundlegenden Informationen über die IT-Sicherheitsbranche in Bochum. Dazu werden zuerst die IT-Sicherheitsbranche und der Standort Bochum im Allgemeinen vorgestellt, um dann auf wichtige Akteure der Branche vor Ort und aktuell ablaufende Vernetzungsprozesse einzugehen.

Während Kapitel 5 die methodische Vorgehensweise darlegt, werden im 6. Kapitel die Ergebnisse der empirischen Untersuchung dargestellt, unterteilt in die Ergebnisse der Unternehmensbefragung, der Institutionenbefragung und der Netzwerkanalyse, und anschließend in Bezug zu den ersten vier Forschungsfragen zusammengefasst.

Im abschließenden Fazit werden dann in Kapitel 7 zunächst die fünfte Forschungsfrage beantwortet und anschließend Handlungsempfehlungen für die weitere Entwicklung der Branche gegeben.

Abbildung 1.1 veranschaulicht den Aufbau der Untersuchung anhand einer graphischen Darstellung.

Abbildung 1.1: Aufbau der Untersuchung (Quelle: Eigene Darstellung).

2 Wirtschaftliche Cluster

Seit einigen Jahren lässt sich ein wachsendes Interesse an der Rolle des Standortes in der globalen Ökonomie beobachten. Galt früher einmal die These, dass der Standort eines Unternehmens durch den Ausbau kostengünstiger und schneller weltweiter Transport- und Kommunikationsnetze im Zeitalter der Globalisierung stark an Bedeutung verlieren wird, so fanden sich doch zu jeder Zeit überall auf der Welt erfolgreiche Branchen innerhalb einer starken räumlichen Konzentration. In der Vergangenheit wurden viele unterschiedliche Konzepte entwickelt, die sich alle mit einer räumlichen Agglomeration von Unternehmen beschäftigen. Hierzu zählen unter anderem die New Industrial Districts (vgl. BRUSCO 1990), die New Industrial Spaces (vgl. SCOTT 1988), die Innovativen Milieus (vgl. AYDALOT (1986) sowie die lernenden Regionen (vgl. HASSINK 1997).

Das bisher in der Wissenschaft am umfangreichsten diskutierte und in der politischen Praxis erfolgreichste Konzept ist der Cluster Ansatz von Michael E. Porter (vgl. PORTER 1990; 1998; 1999).

2.1 Porters Cluster Konzept

PORTER (1999, S. 52) geht davon aus, dass Unternehmen durch globalen Einkauf viele Nachteile bei den Kosten für Produktionsfaktoren ausgleichen können. Um nachhaltig Wettbewerbsvorteile gegenüber anderen Unternehmen zu erzielen, müssen diese Inputs daher effizienter genutzt werden, so dass kontinuierliche Innovation erforderlich wird. Solche Innovation entstehen vor allem in Clustern, die

Er definiert als „eine geographische Konzentration von miteinander verbundenen Unternehmen und Institutionen in einem bestimmten Wirtschaftszweig" (PORTER 1999, S. 52). Ein Cluster umfasst dabei „eine Reihe vernetzter Branchen und weitere für den Wettbewerb relevante Organisationseinheiten", wie zum Beispiel spezialisierte Zulieferer und Institutionen wie Behörden, Verbände, Forschungs- und Ausbildungsstätten. Dabei erstrecken sich Cluster oft „die Vertriebskanäle abwärts bis zu den Kunden sowie seitlich zu den Herstellern komplementärer Produkte und zu Unternehmen in Branchen, die ähnliche Fertigkeiten und Techniken oder gemeinsame Inputs haben" (PORTER 1999, S. 52).

Die räumliche Abgrenzung bleibt bei Porter allerdings unscharf. So können Cluster auf mehreren geographischen Ebenen gefunden werden und reichen von ganzen

Staaten, über Bundesländer, Regionen und Städten bis hin zu einzelnen Straßen-zügen (vgl. MARTIN U. SUNLEY 2003 S. 11). Ihm zufolge sind die Grenzen eines Clusters allein „durch die branchen- und institutionenübergreifenden Verbindungen und Ergänzungen definiert, die für den Wettbewerb am wichtigsten sind" (PORTER 1999, S. 53). Zudem orientieren sich Cluster nicht an administrativen Raumabgren-zungen oder Branchenklassifikationen, was ihre Identifikation zusätzlich erschwert (vgl. FROMHOLD-EISEBITH U. EISEBITH 2008, S. 82).

Das Verhältnis der Unternehmen untereinander ist dabei gleichermaßen von Koope-ration und Konkurrenz geprägt. Durch das Wechselspiel dieser beiden Faktoren beeinflussen Cluster den Wettbewerb auf drei Arten:
1. indem sie die Produktivität der Unternehmen steigern,
2. indem sie die Innovationsrichtung und das -tempo bestimmen,
3. durch Anreize für die Gründung neuer Unternehmen, die wiederum den Cluster stärken (vgl. PORTER 1999, S. 55).

Die erhöhte Produktivität entsteht dabei durch einen gemeinsamen Pool von spezi-alisierten Arbeitskräften und Zulieferern, auf den die in einem Cluster organisierten Unternehmen zugreifen können, wodurch sich ihre Such- und Transaktionskosten verringern. Zudem wird die Kommunikation durch die Nähe zu den Zulieferern ver-bessert, so dass diese schneller und flexibler reagieren und zusätzliche Leistungen anbieten können. Innerhalb eines Clusters sammeln sich auch umfangreiche Infor-mationen über Markt, Technik und Wettbewerb an, zu denen die Mitglieder einen privilegierten Zugang haben. Persönliche Beziehungen unter den Unternehmern verstärken dabei das gegenseitige Vertrauen und erleichtern den Informationsfluss. Des Weiteren profitieren die Unternehmen in einem Cluster PORTER (1999, S. 57 f.) zufolge von einem gemeinsamen Marketing sowie durch öffentliche und private In-vestitionen, beispielsweise in spezielle Infrastruktur, Bildungsprogramme oder Quali-tätszentren. Nicht zuletzt haben die Unternehmer im Cluster eine besonders hohe Motivation, da direkte Vergleich zur örtlichen Konkurrenz den Wettbewerbsdruck erhöht und sie dazu anspornt sich gegenseitig zu übertrumpfen.

Die erhöhte Innovationsfähigkeit resultiert daraus, dass Unternehmen eines Ver-bundes eine bessere Marktübersicht als isolierte Konkurrenten haben und so auf Trends und Kundenbedürfnisse schneller reagieren können. Durch die Beziehungen zu anderen Clusterfirmen sind die Unternehmen über neue Technologien, die Ver-fügbarkeit von Komponenten und Maschinen, Dienstleistungs- und Marketingkon-zepte und dergleichen besser informiert und können im Cluster schneller alles Notwendige zur Umsetzung von Innovationen beschaffen. Auch hier betont Porter erneut, dass Wettbewerbsdruck, Gruppendruck und ständige Vergleiche die Innovationsvorteile weiter verstärken (vgl. PORTER 1999, S. 58 f.)

Die Entstehung neuer Unternehmen fördern Cluster, indem sie die Risiken einer Gründung minimieren. In einem Cluster können Gründer Marktlücken schneller entdecken außerdem sind die Anfangshürden bei der Gründung hier geringer, weil Anlagen, Fertigkeiten, Vorleistungen und Mitarbeiter häufig bereits vorhanden sind. Banken und Investoren vor Ort sind mit den Clusterbranchen vertraut und verlangen für ihr Geld geringere Risikoprämien (vgl. PORTER 1999, S. 59).

Neue Cluster entstehen oftmals durch spezielle historische Umstände. Diese können zum Beispiel durch „eine ungewöhnlichen oder hochdifferenzierten örtlichen Nachfrage" entstehen oder sich aus „ein oder zwei innovativen Unternehmen entwickeln, die das Wachstum von vielen weiteren stimulieren" (PORTER 1999, S. 59). Sofern alle nötigen Voraussetzungen gegeben sind, vor allem wenn der Cluster von Institutionen unterstützt wird und dort ein harter Wettbewerb herrscht, erfolgt das Wachstum in dem in Abbildung 2.1 dargestellten, sich selbst verstärkenden Kreislauf.

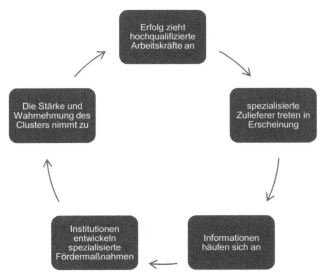

Abbildung 2.1: Eigendynamsiche Clusterentwicklung (Quelle: Eigene Darstellung nach POR-TER 1999, S. 60).

Um sich einen grundlegenden und echten Wettbewerbsvorteil aufzubauen, benötigen Cluster ein Jahrzehnt oder länger. Durch kontinuierliche Entwicklung können sie dann aber jahrhundertelang konkurrenzfähig bleiben. Cluster können ihre Wettbewerbsfähigkeit allerdings auch wieder verlieren, wenn sie beispielsweise im Zuge eines technologischen Wandels große Teile des Wissens und der technischen Fähigkeiten in einem Cluster ihre Bedeutung verlieren, wenn interne Absprachen und Kartelle den örtlichen Konkurrenzkampf unterminieren, oder wenn unter den Mitgliedern ein Gruppendenken einsetzt, dass diese veranlasst an Produkten festzuhalten, die nicht mehr den Kundenwünschen entsprechen und sich dadurch auch die Innovationsfähigkeit verringert (vgl. PORTER 1999, S. 60 f.).

2.2 Aktueller Stand der Clustertheorie

MARTIN UND SUNLEY (2003) merken in ihrer Kritik an Porters Clusterkonzept an, dass seine Überlegungen schon 1990, als er sein Werk „The Competitive Advantage of Nations" veröffentlichte, keineswegs neu waren, sondern im Wesentlichen auf dem Konzept der Industrial Districs von Marshall aus dem Jahre 1920 beruhen. Auch haben bereits vor Porter diverse andere Autoren aus Ökonomie, Raumwissenschaft und Soziologie, Konzepte und Theorien entwickelt, die sich alle thematisch mit dem Zusammenhang von Raum, Wissen und wirtschaftlicher Entwicklung beschäftigen (vgl. Abbildung 2.2). Diese einzelnen Konzepte stehen teilweise im Widerspruch zueinander, können sich aber auch ergänzen oder bauen aufeinander auf.

Die Vielfalt unterschiedlicher Ansätze ist derzeit so groß, dass der Versuch einen Überblick über die aktuelle Clustertheorie zu geben ganze Sammelbände füllt (vgl. KIESE U. SCHÄTZL 2008; ASHEIM ET AL. 2006). KIESE (2008, S. 14) bezeichnet Cluster daher als ein eklektisches Konzept, während MARTIN U. SUNLEY (2003, S. 10) weitaus kritischer sind und aufgrund der kaum möglichen Abgrenzung zu verwandten Ansätzen und auch wegen diverser Unzulänglichkeiten, die sie innerhalb Porters Konzept ausmachen, sogar von einem „chaotic concept" sprechen. Bei aller Kritik sind sich die Autoren allerdings der ungebrochen großen Popularität von Porters Konzept in Politik und Praxis durchaus bewusst und fordern nicht etwa die völlige Abwendung vom Clusteransatz, sondern plädieren eher für unsichtigere praktische Umsetzung und eine inkrementelle Weiterentwicklung des Konzepts (vgl. FROMHOLD-EISEBITH U. EISEBITH 2008, S. 90). Als eine erste Konkretisierung von Porters ursprünglichem Ansatz (vgl. PORTER 1990) werden Cluster in der aktuellen Literatur von der großen Mehrheit der Autoren als regionales Konzept aufgefasst. Auch in dieser Studie werden Cluster als überwiegend regionales Konstrukt angesehen. Als zwei Weiterentwicklungen des Cluster Konzepts können die evolutionäre Clusterperspektive und der mehrdimensionale Clusterbegriff angesehen werden, welche beide in der aktuellen Literatur weit verbreitet sind und deren Grundannahmen ebenfalls in dieser Untersuchung geteilt werden.

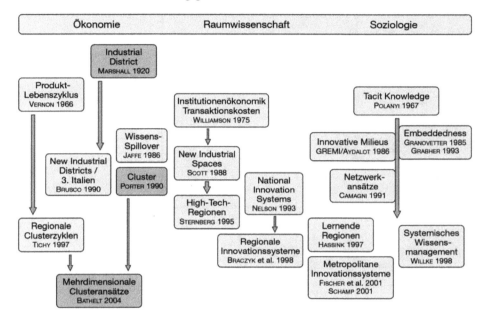

Abbildung 2.2: Konzeptionsvielfalt zur Thematik Raum, Wissen und wirtschaftliche Entwicklung (Quelle: THOMI U. STERNBERG 2008, S. 74).

2.2.1 Evolutionäre Clusterentwicklung

Die evolutionäre Clusterperspektive basiert auf der Erkenntnis, dass sich die Faktoren und Prozesse die zur Entstehung eines Clusters führen, grundsätzlich von den Standort- und Wachstumsfaktoren einer existierenden Konzentration unterscheiden (vgl. MENZEL 2008; MOSSIG 2002; 2008). MOSSIG (2002, S. 150) gliedert die Entwicklung eines Clusters in Anlehnung an das Konzept der industriellen Entwicklungspfade von STORPER U. WALKER (1989) in vier raumwirksame Phasen: Lokalisationsphase, selektive Clusterung, Dispersion und Verlagerungsprozesse (vgl. Abbildung 2.3).

Während der Lokalisationsphase besitzen die ersten Firmen eines neuen, schnell wachsenden Industriezweigs gewisse Freiheiten bezüglich ihrer Standortwahl, die so genannten *windows of locational opportunity* (vgl. MOSSIG 2008, S. 53). Diese Wahlfreiheit beruht darauf, dass neue Industriezweige auch völlig neue Anforderungen an die Input- und Outputverflechtungen stellen, die noch an keinem Standort gegeben sind. Die ersten Pionierbetriebe schaffen sich durch hohe Profite und überdurchschnittliche Wachstumsraten ein eigenes Umfeld. Somit sind es oft Zufälle, individuelle Entscheidungen der ersten Unternehmerpersönlichkeiten oder historische Ereignisse, die die erste Lokalistation einer Branche festlegen (vgl. MOSSIG 2008, S. 54). Daher können die Standorte zukünftiger Cluster nicht ex-ante bestimmt werden, sondern lassen sich immer erst ex-post durch eine Untersuchung der einzelnen Gründungs- und Entwicklungspfade nachverfolgen.

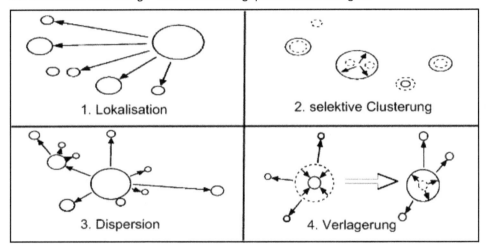

Abbildung 2.3: Clusterevolution auf Basis industrieller Entwicklungspfade (Quelle: Eigene Darstellung nach STORPER U. WALKER 1989, S. 70-98).

Im Anschluss an die Lokalisationsphase setzt die selektive Clusterung ein und es kommt zu einem eigendynamischen Wachstumsprozess, in dem die bereits bestehen Firmen wachsen und neue Firmen entstehen, die somit zum Ausbau der technologischen Kapazitäten beitragen (vgl. MOSSIG 2008, S. 54). Eine besonders hohe Bedeutung im eigendynamischen Wachstumsprozess kommt dabei den Spin-offs zu, welche entsprechend der Saatbeet- bzw. Inkubatorhypothese sehr ungleich verteilt sind (vgl. HAYTER 1997, S. 224 ff.; SCHAMP 2000, S. 40 ff.). Wesentliches Merkmal eines Spin-offs ist, dass die Gründer Know-how einsetzen, das sie während ihrer vorangegangenen Beschäftigungen erworben haben. Somit kommt es häufig zu einer Spezialisierung der Spin-off-Betriebe auf einzelne Schritte derselben Wertschöpfungskette, der auch das Mutterunternehmen angehört. Die Niederlassung der Spin-offs erfolgt bis auf wenige Ausnahmen im lokalen Umfeld des ehemaligen Arbeitgebers, da die Nähe zum Wohnort der Gründerperson der wichtigste Grund für die Standortwahl ist und so auch bestehende Kundenkontakte weiter genutzt werden können. Mit jeder neuen Gründung vergrößert sich das Saatbeet, Spin-offs wirken somit als „Multiplikatoren im Clusterungsprozess" (MOSSIG 2002, S. 151). Erst in dieser Phase erreicht der Cluster eine gewisse Zahl an Unternehmen (auch *kritische Masse* genannt), ab der Agglomerationseffekte zum Tragen kommen. Genau wie schon bei der Standortwahl „lässt sich die kritische Masse eines Clusters ex ante überhaupt nicht und ex post kaum angeben" (KIESE 2008, S. 19). Die im Cluster entstehenden Agglomerationseffekte „basieren auf den Vorteilen lokalisierter Wissensspillover, verringerter Transportkosten, eines gemeinsam genutzten Arbeitsmarkts und gemeinsam genutzter Infrastrukturen" (MENZEL 2008, S. 116). Diese lassen sich weiter unterteilen in *Urbanisationsvorteile*, die „durch die bessere Ausstattung mit städtischen Einrichtungen oder durch intensivere Verflechtungen der wirtschaftlichen Aktivitäten entstehen" und in für Cluster charakteristische *Lokalisationsvorteile*, die sich in Form „spezialisierter Arbeitsmärkte, Zulieferer und Dienstleister, einer branchenspezifischen materiellen, institutionellen und personellen Infrastruktur sowie Wissensspillovern" äußern (KIESE 2008, S. 15).

Das im Zuge des Wachstums eines Clusters entstehende spezifische Wissen bleibt durch die geringe Mobilität der Arbeitskräfte zum Großteil an die Region gebunden und wird mit der Zeit zum Standortfaktor. Andere Unternehmen, die an diesem Wissen teilhaben wollen, müssen sich ebenfalls in dieser Region ansiedeln. Das window of locational opportunity beginnt sich langsam zu schließen.

Die Dispersion setzt ein, wenn sich der Cluster bereits sehr weit entwickelt hat. In dieser Phase erschließen die Clusterakteure zunächst Wachstumsperipherien. In der Regel werden zunächst standardisierte Teile der Produktion und des Vertriebs, aus Kostengründen oder um in neue Märkte vorzudringen, verlagert (MOSSIG 2008, S. 54). Zentrale Unternehmensfunktionen wie die Geschäftsführung oder Forschung und Entwicklung bleiben aber im Clusterkern enthalten.

Verlagerungsprozesse können durch einen grundlegen technologischen Wandel entstehen oder durch Umstrukturierungsmaßnahmen in Reaktion auf Krisen entstehen. Die damit neu entstehenden Wachstumszentren besitzen erneut eine gewisse Freiheit bei der Standortwahl und lösen im Extremfall sogar die alten Clusterzentren ab.

Die evolutionsbasierte Sicht auf Cluster findet derzeit in der Literatur großen Anklang. Verschiedene Clustertypologien greifen den Gedanken der Clusterphasen auf und erweitern ihn um andere Aspekte. Ein Beispiel ist die politische Dimension, die dazu dient, der immer stärker werdenden politischen Einflussnahme auf Clusterinitiativen gerecht zu werden. KIESE (2008, S. 13) unterscheidet in Bezug auf ROSENFELD (1997) und ENRIGHT (2003, S.104) zwischen funktionierenden Clustern, latenten Clustern, potenziellen Clustern, politisch motivierten Clustern und Wunschdenken-Clustern, die er wie folgt voneinander abgrenzt:

- Der *funktionierende Cluster* verfügt über eine „kritische Masse" an spezialisierten Arbeitskräften, Fähigkeiten und Wissen, die von den Unternehmen im überregionalen Wettbewerb vorteilhaft genutzt wird.
- Ein *latenter Cluster* weist zwar ebenfalls eine kritische Masse an Unternehmen in verwandten Branchen auf, doch Defizite bei Interaktionen der Akteure behindern den Wissensaustausch, sodass sich positive Clustereffekte nur unvollständig entfalten können.
- In einem *potenziellen Cluster* sind einige wichtige Elemente funktionierender Cluster vorhanden, andere fehlen jedoch oder sind noch unvollständig entwickelt.
- In *politisch motivierten Clustern* findet eine politische Förderung oftmals auf Druck verschiedener politischer Interessen statt, obwohl nicht gewährleistet ist, dass eine kritische Masse an Unternehmen erreicht werden kann
- *Wunschdenken-Cluster*: Ebenso wie im vorherigen Fall spielt politische Einflussnahme eine entscheidende Rolle, aber im Gegensatz dazu fehlt eine spezielle Ressource, auf der eigenständige Entwicklung basieren kann (vgl. KIESE 2008, S.13; Hervorhebungen im Original).

2.2.2 Mehrdimensionaler Clusterbegriff

Der Mehrdimensionale Clusterbegriff basiert darauf „Wirkungszusammenhänge aus materiellen *und* sozialen Beziehungen zwischen wirtschaftlichen Akteuren in Unternehmen und unterstützenden Organisationen in regionalen Branchenverdichtungen abzuleiten" (BATHELT U. DEWALD 2008, S. 165; Hervorhebung im Original). Nach diesem Verständnis können eine *horizontale*, eine *vertikale*, eine *institutionelle*, eine *externe Clusterdimension* sowie eine *Machtdimension* unterschieden werden (vgl. Abbildung 2.4). Die horizontale Dimension eines Clusters umfasst Unternehmen derselben Wertschöpfungsstufe. Auf dieser Ebene führt räumliche Nähe zu einem verstärkten Wettbewerb und darauf aufbauend zu Innovationen. Diese Dimension kann vor allem in der frühen Phase der Clusterentwicklung eine entscheidende Rolle spielen (vgl. BATHELT ET AL. 2004, S. 36). Die Ansammlung von Unternehmen derselben Wertschöpfungsstufe führt zu einer hohen Nachfrage nach speziellen Inputs, welche Unternehmen unterschiedlicher Wertschöpfungsstufen dazu veranlassen, sich in räumlicher Nähe anzusiedeln und schließlich zur Ausbildung der vertikalen Clusterdimension führt. Diese Ebene ist eher von Kooperation geprägt und sofern es zu intensiver zwischenbetrieblichen Kommunikation kommt, können hier technologische Spillover und interaktive Lernprozesse stattfinden, welches wiederum einen Wettbewerbsvorteil der Clusterunternehmen darstellt (vgl. HENN 2008, S. 99).

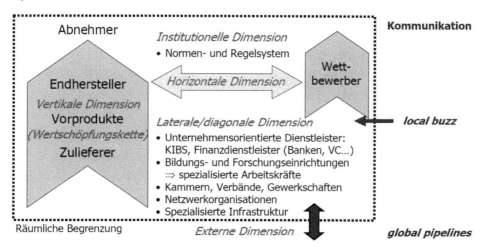

Abbildung 2.4: Cluster als mehrdimensionales lokalisiertes Wertschöpfungssystem (Quelle: KIESE 2008, S. 12).

Die institutionelle Dimension basiert auf der Annahme, dass durch permanente intendierte und unintendierte Informations- und Wissensflüsse zwischen den räumlich konzentrieren Unternehmen ein lokales „Rauschen" (buzz) ensteht. (vgl. BATHELT U. DEWALD 2008, S. 166). Eine „gemeinsame Sprache, übereinstimmende Interpretationsschemata und ähnliche Einstellungen gegenüber Technologien" (HENN 2008, S. 99) ermöglichen eine sinnvolle Dekodierung dieses Rauschens.

Durch die externe Dimension werden Beziehungen zu regionsexternen Akteuren (translokale Pipelines) explizit mit in das Konzept einbezogen. Diese überregionalen Beziehungen sind für Cluster besonders wichtig, da sie Zugang zu neuem Wissen ermöglichen und damit das Risiko eines zu starken Selbstbezugs des Clusters, der die Innovationsfähigkeit vermindert (Lock-In), verringert (vgl. BATHELT ET AL. 2004, S. 40 ff.).

Die Machtdimension schließlich fokussiert eine Kohärenz zwischen den Clusterakteuren, die als Folge beständiger Interaktionen und des Umgangs mit bestimmten Technologien entsteht und den Unternehmen zu ähnlichen Erfahrungen und einem ähnlichen Verständnis zur Lösung alltäglicher Probleme verhilft (vgl. HENN 2008, S. 100).

2.3 Netzwerke

Da im empirischen Teil dieser Untersuchung eine Netzwerkanalyse eines Clusters durchgeführt wird, ist es notwendig, diese beiden Begriffe voneinander abzugrenzen. Denn in der Praxis werden Cluster des Öfteren mit dem besser kommunizierbaren Konzept des Netzwerks gleichgesetzt (vgl. KIESE 2008a, S 137). In der Literatur finden sich allerdings vermehrt Hinweise darauf, dass beide Begriffe nicht synonym verwendet werden sollten, da das Netzwerk die einem Cluster zugrunde liegende Steuerungsform ist. Genauer betrachtet, handelt es sich bei einem Netzwerk um eine intermediäre Steuerungsform zwischen Markt und Hierarchie (vgl. BUTZIN 2000, S. 150; BATHELT U. GLÜCKLER 2000, S. 169). Es bietet sich als Steuerungsmodell insbesondere dann an, wenn „die Problemlösungsressourcen und – potenziale auf eine Vielzahl von privaten und öffentlichen Akteuren verteilt und auch die Steuerungsressourcen nicht allein privat oder staatlich sind" (vgl. BUTZIN 2000, S. 150). Unternehmen, die sich in einem Netzwerk organisieren, geben also einen Teil ihrer am Markt vorhandenen Autonomie auf, um auf Basis von Aushandlungsprozessen ein gemeinsames Ziel zu erreichen, ohne sich dabei in ein hierarchisches Abhängigkeitsverhältnis zu begeben.

Nach SCHAMP (2005, S.103) wird die Funktionsfähigkeit von Netzwerken durch die „gesellschaftlichen Dimensionen wie Reputation, Reziprozität der Beziehung und letztlich gegenseitiges Vertrauen" gesichert, was er insgesamt als „Soziales Kapital" bezeichnet. Neben der Steuerungsfähigkeit benennt OSTERHOFF (2004, S. 65) zwei weitere zentrale Bedeutungen von Netzwerken. Die erste Bedeutung sieht er in Anlehnung an HEIDENREICH (2000, S. 96) und COOKE (1998, S.8) in der Chance „zur Weitergabe impliziten, kontextgebundenen, nicht handelbaren Wissens" (HEIDENREICH 2000, S. 96 zitiert nach OSTERHOFF 2004, S. 65). Dieses Wissen ist elementar für die Entwicklung neuer Technologien und Verfahren ist, die wiederum Grundlage für Technologieführerschaft und damit Wettbewerbsfähigkeit sind. Die zweite zentrale Bedeutung sieht er „in der Zusammenführung von Kompetenzen in komplementären Bereichen, weil sich dadurch wesentliche Synergieeffekte entfalten. Diese Kompetenzen müssen von den Akteuren nicht intern vorgehalten werden, sondern können bei Bedarf „importiert" werden" (OSTERHOFF 2004, S. 65), worin er einen Wettbewerbsvorteil gegenüber Konkurrenten, die nicht auf diese Kompetenzen zugreifen können, erkennt. Des Weiteren fasst er die Aussagen verschiedener Autoren über die Art der Beziehungen in einem Netzwerk mit den Begriffen „eher akteursbezogen, dauerhaft, oft vertraglich gesichert, kooperativ, zielorientiert, funktional, direkt und nicht hierarchisch" zusammen (OSTERHOFF 2004, S. 65).

Nach KIESE (2008, S. 11) besteht der zentrale Unterschiede zwischen Netzwerken und Clustern darin, dass Cluster räumlich begrenzt sind und Netzwerke nicht. Ihm zufolge sind Netzwerke „wesentliche Bestandteile von Clustern, können jedoch als Folge der fehlenden räumlichen Dimension über die territorialen Grenzen von Clustern hinaus gehen" (KIESE 2008, S. 12). Umgekehrt können Cluster allerdings durch ihre externe Dimension auch Bestandteile von interregionalen Netzwerken sein, wenn sie zum Beispiel über Verknüpfungen zu Clustern der gleichen Branche verfügen. Zudem sind Netzwerke einseitig auf Kooperation ausgerichtet, wohingegen Cluster Kooperation, Konkurrenz und institutionelle Einbettung gleichermaßen betonen.

2.4 Empirische Clusterforschung

Aufgabe der empirischen Clusterforschung ist es, Methoden zur Identifizierung und Analyse von Clustern bzw. Clusterpotenzialen zu entwickeln. Die Vielfalt unterschiedlicher theoretischer Clusterkonzeptionen spiegelt sich auch in der empirischen Clusterforschung wieder. So baut die Identifikation und Abgrenzung von Clustern nicht auf einer einheitlichen Methodik auf, sondern es existiert ein breites Spektrum an Methoden, die sich im erforderlichen Zeit- und Kostenaufwand unterscheiden und nach ihrer Vorgehensweise grob in Top-down und Bottom-up-Ansätze unterteilen lassen. Top-down-Ansätze versuchen „unter Verwendung von Sekundärdaten räumliche Konzentrationen spezialisierter ökonomischer Aktivitäten über *alle* Teilräume eines Gesamtraumes, beispielsweise eines Staates, zu identifizieren", wohingegen Bottom-up-Ansätze „zumeist auf qualitativen Verfahren, typischerweise Tiefeninterviews mit lokalem oder sektorspezifischem Hintergrund, sowie auf ausgewählten Fallstudien in einzelnen Regionen eines Gesamtraumes" (THOMI U. STERNBERG 2008, S. 75; Hervorhebung im Original) basieren.

Nach KRÄTKE UND SCHEUPLEIN (2001, S. 38 ff.) sind zu den Top-down-Verfahren Maße zur räumlichen Konzentration, Verfahren zur Abschätzung der Entwicklungsdynamik und regionale Input-Output Analysen zu zählen. Zu den Bottom-up-Verfahren zählen die Funktionsanalyse auf Basis von Wertschöpfungsketten, sowie Netzwerkanalysen.

<u>Maße zur räumlichen Konzentration</u>

Die Maßzahlen der räumlichen Konzentration lassen sich in Maße der absoluten Konzentration, Maße der relativen Konzentration (darunter der Standortquotient (SQ), Lokalisationsquotient (LQ) und Koeffizienten der Spezialisierung und der geographischen Assoziation) und das Lorenzkurvenmaß mit dem daraus abgeleiteten Gini-Koeffizienten, unterteilen. In der Praxis werden davon am häufigsten der Standort- und der Lokalisationsquotient eingesetzt.

Der Standortquotient setzt dabei die Betriebs- oder Beschäftigtenkonzentration des Wirtschaftszweigs x im Teilraum y in Bezug zu den Anteilen aller Wirtschaftszweige des Teilraums y innerhalb des Gesamtraums. Somit lässt sich der Standortquotient als eine Kennziffer interpretieren „welche die regionale Konzentration einer Aktivität im Verhältnis zum durchschnittlichen Anteil der *Region* an *allen* Aktivitäten im Bezugsraum bestimmt, und dadurch den Einfluss der siedlungsstrukturellen Charakteristik miteinbezieht" (KRÄTKE U. SCHEUPLEIN 2001, S. 40; Hervorhebungen im Original). Der Lokalisationsquotient misst dem gegenüber das Verhältnis regional konzentrierter Cluster-Bausteine zur Gesamtzahl der entsprechenden Cluster-Bausteine im Bezugsraum. Er lässt sich damit als eine Kennziffer interpretieren, „welche die regionale Konzentration einer Aktivität im Verhältnis zum Anteil *dieser Aktivität* im Bezugsraum bestimmt, d.h. den Grad der Spezialisierung einer Region auf betreffende Aktivitäten misst" (KRÄTKE U. SCHEUPLEIN 2001, S. 41; Hervorhebungen im Original). Für beide Quotienten lassen sich Schwellenwerte festlegen, die die Anzahl der identifizierten Cluster bestimmen. Dabei gilt grundsätzlich: je niedriger dieser Schwellenwert ist, desto mehr potenzielle Cluster findet man (vgl. KIESE 2008, S. 23).

Bei Verwendung von absoluten oder relativen Konzentrationsmaßen ist darauf zu achten, dass diese nur Hinweise auf räumlich-sektorale Konzentrationen liefern (vgl. MARTIN U. SUNLEY 2003, S. 23). „Für Rückschlüsse auf Verflechtungen oder gar institutionelle oder soziokulturelle Clustereigenschaften ist eine Kombination mit qualitativen Bottom-up-Verfahren notwendig" (KIESE 2008, S. 24).

Verfahren zur Abschätzung der Entwicklungsdynamik

Bei der Abschätzung der Entwicklungsdynamik von zuvor identifizierten Clustern ist es weit verbreitet, bei weltweiten Wachstumsbranchen darauf zu schließen, dass diese sich in einem regionalen Cluster automatisch ebenfalls positiv entwickeln werden. Das muss aber nicht zwangsläufig immer der Fall sein. Um qualifizierte Aussagen zu den Entwicklungschancen eines regionalen Clusters zu machen ist eine „Qualitäts-Analyse" auf Basis der Entwicklung von Unternehmensanzahl, Umsätzen und/oder Beschäftigtenanzahl im Zeitverlauf notwendig (vgl. KRÄTKE U. SCHEUPLEIN 2001, S. 47). Auf dieser Datenbasis kann dann eine Shift-Analyse durchgeführt werden, die das vom Gesamtraum abweichende Wachstum in eine in einen Struktureffekt und einen Regionaleffekt aufspaltet. Damit lassen sich dann Aussagen darüber treffen, ob die regionale Entwicklung über oder unter dem gesamtwirtschaftlichen Trend liegt.

Regionale Input-Output-Analysen

Regionale Input-Output-Tabellen erweitern die gesamtwirtschaftlichen Input-Output-Tabellen um das Klassifikationsmerkmal der Region. Im Prinzip wären sie ein ideales Instrument zur Cluster-Identifikation, in der Regel scheitern solche Untersuchungen aber daran, dass diese Daten in der amtlichen Statistik nicht für die subnationale Ebene erhoben werden. Die auf nationaler Ebene verfügbaren Daten lassen sich daher nur durch sehr aufwendige eigene Erhebungen regionalisieren oder mittels derivativer Verfahren schätzen. Solche Schätzungen sind aber vor allem bei der Identifikation von Clustern oftmals problematisch (vgl. KRÄTKE U. SCHEUPLEIN 2001, S. 49).

Funktionsanalyse auf Basis einer Wertschöpfungskette

KIESE (2008, S. 25) sieht in der Analyse der Wertschöpfungszusammenhänge und des Lokalisationsgrades dieser Beziehungen das oberste Ziel der Analyse regionaler Produktionscluster. Neben der übersichtlichen Darstellung der einzelnen Verarbeitungsschritte eines Produktes, verdeutlicht die Rekonstruktion einer Wertschöpfungskette stofflich-technologische und wirtschaftliche Zusammenhänge.

Also Vorgehensweise bei der Identifikation von Wertschöpfungsketten empfiehlt es sich, zunächst auf sehr niedrigem Aggregationsniveau, vorzugweise im Bereich der Endhersteller eines Produktes, nach einen „Cluster-Kern" zu suchen und davon ausgehend anhand von nachgeordneten Kettengliedern ein „Cluster-Umfeld" zu beschreiben (vgl. KRÄTKE U. SCHEUPLEIN 2001, S. 52).

Eine solche, im Vorfeld teilweise unter Mitwirkung von Branchenexperten modellierte Wertschöpfungskette, lässt sich dann später mit den Ergebnissen einer empirischen Untersuchung in einer Region vergleichen, um diese auf besondere Stärken oder Schwächen hin zu untersuchen.

<u>Netzwerkanalyse von Produktionsclustern</u>

REHFELD (1999) und KRÄTKE UND SCHEUPLEIN (2001, S. 57 ff.) verdeutlichen, dass einer der größten Fehler im Umgang mit empirischen Clusteruntersuchungen darin besteht, aus einer reinen räumlich-sektoralen Konzentration von Unternehmen auf zwischenbetrieblich Verflechtungen zu schließen. Letztere demonstrieren anhand der in drei in Abbildung 2.5 gezeigten Clustertypen, dass es zwischen Clustern mit recht ähnlichen Konzentrationsmaßen trotzdem erhebliche Unterschiede geben kann. Von den drei gezeigten regionalen Clusterformationen ist nur Region zwei, aufgrund der starken Binnen- und Außenvernetzung, als voll integriert anzusehen. Region drei verfügt nur über schwache Binnen- und Außenvernetzung und ist daher als nicht-integrierter Cluster zu charakterisieren. Region eins repräsentiert eine regionale Clusterformation mit starker regionsinterner Verflechtung aber schwacher externer Vernetzung und ist daher vom Typus ein integrierter Cluster mit schwacher Außenvernetzung. In solchen Clustern droht die Gefahr einer Lock-in-Situation (vgl. KRÄTKE U. SCHEUPLEIN 2001, S. 60).

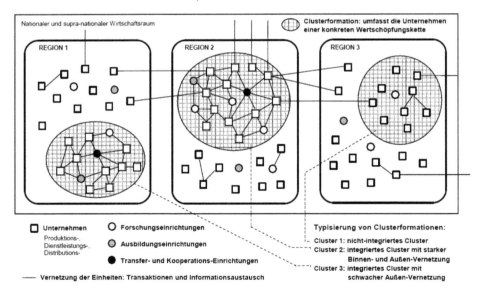

Abbildung 2.5: Typen regionaler Clusterformationen (Quelle: KRÄTKE U. SCHEUPLEIN 2001, S. 59).

Wie bereits erwähnt, liefern traditionelle Top-down-Ansätze bestenfalls Vermutungen über potenziell in einer Region vorhandene Cluster, sagen allerdings nichts über die intraregionalen Verflechtungen aus. Um also belastbare Aussagen über die Qualität dieses Beziehungsnetzwerks zu tätigen, ist es unabdingbar, eben diese Beziehungen zum Gegenstand der Untersuchung zu machen. Nach Kiese ist die Netzwerkanalyse „mehr als alle anderen Verfahren geeignet, die Qualität der Verflechtungsbeziehungen zu ermitteln, die in der Theorie als wesentliche Determinante der potenziellen Entwicklungsdynamik eines Clusters herausgestellt wird" (KIESE 2008, S. 26).

Um die Verflechtungsbeziehungen mit der Netzwerkanalyse auszuwerten, müssen zunächst durch Befragung zwei Arten von Beziehungen erhoben werden. Zum einen das Transaktionsnetzwerk der Cluster-Unternehmen mit den darunter subsumierten Kunden- und Lieferantenbeziehungen, zum anderen das Kommunikationsnetzwerk, das die Kontakte zwischen Unternehmen und Institutionen in Form von Informationsaustausch und Beratung erfasst (vgl. KRÄTKE U. SCHEUPLEIN 2001, S. 62).

Auf Basis dieser Daten können verschiedene Kennzahlen wie die Dichte, die Kohäsion und das Ausmaß der Zentralisierung eines Beziehungsnetzwerks bestimmt werden. Darüber hinaus ist es möglich, zusammenhängende Teilgruppen innerhalb eines Clusters zu erkennen und die Positionierung einzelner Akteure auf Basis verschiedener Konzepte zu ermitteln, um daraus Rückschlüsse auf ihren Einfluss im Netzwerk zu ziehen (hierzu ausführlicher Kapitel 3).

Die Netzwerkanalyse ist somit dazu geeignet, einen Cluster in allen seinen Dimensionen zu erfassen. Durch das Transaktionsnetzwerk können Kunden- und Zulieferbeziehungen und Konkurrenten identifiziert werden, welches die horizontale und vertikale Clusterdimension abdeckt. Die Analyse der Kommunikationsbeziehungen erlaubt Aussagen über den Nutzungsgrad der institutionellen Infrastruktur und verschafft einen Überblick über die Informationskanäle, über die Wissen weitergegeben werden kann (local buzz). Bei beiden Beziehungsarten kann ebenfalls nach überregionalen Beziehungen gefragt werden, womit auch die externe Clusterdimension abgebildet wird. Nicht zuletzt erlauben die Analyse der einzelnen Akteurszentralitäten und die Untersuchung von strukturellen Gruppierungen (Cliquen) Rückschlüsse auf die internen Macht- und Einflussbeziehungen.

Die besondere Stärke der Netzwerkanalyse liegt darin, „eine nachvollziehbare und zwischen verschiedenen Clusterformationen vergleichbare Darstellung und Analyse von Netzwerkeigenschaften zu ermöglichen (d.h. Aussagen zur Netzwerkdichte, -Kohäsion und –Zentralisierung zu *qualifizieren*)" (KRÄTKE U. SCHEUPLEIN 2001, S.

65; Hervorhebung im Original). Mittels eines solchen Vergleichs können die Stärken und Schwächen verschiedener Cluster herausgestellt werden. Voraussetzung hierfür ist allerdings eine einheitliche methodische Vorgehensweise auf Basis derselben Kriterien für Cluster-Qualitäten. Zur Entwicklung einer einheitlichen Methodik benennen KRÄTKE UND SCHEUPLEIN (2001, S. 70 f.) sieben zentrale Kriterien, die im Abschnitt 6.3.4 dieser Studie näher erläutert werden.

2.5 Clusterpolitik und Clustermanagement

Aller theoretischen Unschärfe und dem Mangel an qualitativen empirischen Ergebnissen zum Trotz, erfreut sich das Cluster Konzept in der Politik wachsender Beliebtheit (vgl. BATHELT U. DEWALD 2008; KIESE 2008, 2008a; MARTIN U. SUNLEY 2003). Dieser Trend ist nicht allein auf Deutschland beschränkt, sondern lässt sich weltweit beobachten. So konnte der zweite *Global Cluster Initiative Survey* Anfang 2005 weltweit bereits rund 1.400 Clusterinitiativen identifizieren (vgl. KETELS ET. AL. 2006, S. 13). Unter einer Clusterinitiative verstehen die Autoren alle organisierten Bemühungen zur Steigerung des Wachstums und der Wettbewerbsfähigkeit eines Clusters innerhalb einer Region die von Unternehmen getragen und von der öffentlichen Hand und/oder Forschungseinrichtungen unterstützt werden (vgl. KIESE 2008, S. 33). Clusterpolitik lässt sich definieren als „alle staatlichen Maßnahmen zur Förderung der Entstehung und der Entwicklung von Clustern" (KIESE 2008a, S.130). Somit sind Clusterinitiativen der Oberbegriff sämtlicher institutionalisierter Clusterförderung innerhalb dessen Clusterpolitik die Förderung von staatlicher Seite bezeichnet.
Nach FORMMHOLD-EISEBITH UND EISEBITH (2005) ist explizite Clusterpolitik, die von der öffentlichen Hand top-down konzipiert wird, von impliziter Clusterpolitik, die von den Unternehmen ohne politische Anreize initiiert wird, zu unterscheiden.
REHFELD (2005, S. 1) sieht die Gründe für den Erfolg des Konzepts in Deutschland in einem Perspektivwechsel in der Raumordnungs- und Strukturpolitik, weg von Ausgleichs- und Umverteilungsmaßnahmen, hin zu einer Wachstumsorientierung. Gerade in Zeiten leerer Kassen, erscheint eine Konzentration der Mittel auf wenige Wachstumscluster, in der Hoffnung dort eine eigendynamische Entwicklung zu erreichen, als besonders reizvoll.
Auch auf europäischer Ebene ist ein ähnlicher Perspektivwechsel festzustellen, so unterstützt das Ziel 2 „Wettbewerbsfähigkeit und Beschäftigung" des Europäischen Fonds für Regionale Entwicklung (EFRE) in der aktuellen Förderperiode die Entwicklung von Clustern als regionale Wachstumskerne und das Ziel 3 „Europäische

territoriale Zusammenarbeit" unterstützt die Bildung von Clustern über Ländergrenzen hinweg (vgl. REHFELD 2005, S. 3).

Neben der der Neuorientierung der Strukturfonds betreibt die Europäische Union das „European Cluster Observatory", dessen Ziel es ist, Politiker, Praktiker und Wissenschaftler über europäische Cluster und Clusterpolitiken zu informieren. Dafür stellt das „Cluster Observatory" Daten in vier Kategorien zur Verfügung. Das „Cluster Mapping" identifiziert Cluster verschiedener Branchen auf Basis der NUTS 2 Regionen und stellt Karten und statistische Daten zur Verfügung. Die zweite Kategorie „Cluster Organisations" listet derzeit 400 der 900 europaweit identifizierten regionalen Clusterinitiativen auf. Unter „Cluster Policies" werden Berichte über nationale und regionale Clusterpolitiken und Programme veröffentlicht und die „Cluster Library" sammelt Clusterstudien und andere Dokumente die sich mit diesem Thema beschäftigen (vgl. EUROPÄISCHE UNION o. J.).

Auf Bundesebene ist das wichtigste Instrument der Clusterpolitik der mit 600 Millionen Euro dotierte Spitzencluster-Wettbewerb des Bundesministeriums für Bildung und Forschung (BMBF). Insgesamt sind drei themenoffene Wettbewerbsrunden in einem zeitlichen Abstand von etwa ein bis anderthalb Jahren geplant. In jeder Wettbewerbsrunde wählt eine Jury bis zu fünf Spitzencluster aus, die über einen Zeitraum von maximal fünf Jahren mit insgesamt bis zu 200 Millionen Euro gefördert werden können (vgl. BMBF 2007, S.3). Ziel des Wettbewerbs ist es, exzellente Cluster zu identifizieren und strategisch weiterzuentwickeln, damit sie international eine führende Position einnehmen. Die regionalen Cluster sollen ihre Ideen schneller in Produkte, Prozesse und Dienstleistungen umsetzen, um so dauerhaft die Wertschöpfung zu verbessern. Des Weiteren soll die Förderung der Cluster Wachstum und Arbeitsplätze sichern bzw. schaffen und den Standort Deutschland attraktiver machen. Darüber hinaus fördert der Bund mit wettbewerblichen verfahren wie beispielsweise BioRegio, InnoRegio, ProInno oder EXIST sowie der Initiative kompetenznetze.de die Herausbildung und Entwicklung von Clusterelementen und Netzwerkstrukturen (vgl. KIESE 2008, S. 37)

Auch die Länder verfolgen mittlerweile mehrheitlich eine eigene Clusterpolitik. In Bayern werden seit 2006 im Rahmen der „Cluster-Offensive" 19 von der Landesregierung bestimmte Cluster durch ein landesweites Clustermanagement, bestehend aus Clustersprecher, Clustergeschäftsführer und Geschäftsstelle, über einen Zeitraum von fünf Jahren mit 50 Millionen Euro degressiv gefördert (vgl. STMWIVT 2008).

Die Landesregierung Nordrhein-Westfalen hat 2007 ebenfalls 16 profilbildende Cluster definiert. Ein großer Teil der auf NRW entfallenden Ziel 2-Mittel wird in Wettbewerbsverfahren an diese Cluster vergeben. Darüber hinaus wird für jeden Cluster ein Clustermanager mit Geschäftsstelle eingesetzt, der alle bereits bestehenden Netzwerk- und Clusterinitiativen im Land koordinieren soll. Neben dieser Top-down implementierten Clusterförderung fördert der themenoffene Regio-Cluster-Wettbewerb kleinräumige Bottom-up-Strategien aus den Regionen des Landes. Insgesamt sind für die Clusterförderung in NRW EFRE-Mittel in Höhe von 635 Millionen Euro vorgesehen, die vom Land, den Kommunen und Privaten in gleicher Höhe kofinanziert werden (vgl. KIESE 2008, S. 40).

REHFELD (2005, S. 6 f.) geht davon aus, dass für Unterstützung von Clusterentwicklung durch Clusterpolitik ein professionelles Clustermanagement unbedingt notwendig ist. Als wesentliche Aspekte für ein erfolgreiches Clustermanagement nennt er:

- Eine realistische Einschätzung der Position innerhalb der jeweiligen Wertschöpfungskette und der kommenden Veränderungen innerhalb der Wertschöpfungskette, und davon ausgehend: realistische Zielsetzungen;
- Ein kontinuierliches Monitoring, wie etwa vor allem in englischen Regionen praktiziert, das gerade angesichts der nie ganz auszuschließenden Unsicherheit über effektive Veränderungen Auskunft geben kann;
- Eine wachsende Beteiligung der Unternehmen an der Finanzierung des Clustermanagements, was international vor allem in Österreich erfolgreich praktiziert wird;
- Eine Offenheit nach außen: Cluster nur aus der Binnenperspektive zu entwickeln liefe Gefahr, die zukünftigen Herausforderungen zu verschlafen (Lock-in-Effekte). Vor allem auf interne Verflechtungen oder gar Abschottung zu setzen wäre eine kaum noch zeitgemäße regionale Neuauflage merkantilistischer Strukturpolitik.

OSTERHOFF (2004, S. 75 ff.) zeigt, dass sich der Ansatz des Regionalmanagements aufgrund seiner inhaltlichen Nähe zur Übertragung auf das Management von Clustern eignet. In Anlehnung an Fürst sieht er die Aufgaben eines Clustermanagers in der „...Koordination von Handlungsträgern, Stimulation von neuen Handlungsrichtungen und Regieführung, um verschiedene Handlungen zielorientiert zu Ergebnissen zu führen" (FÜRST 1998, S. 237; zitiert nach OSTERHOFF 2004, S. 80).

Auch wenn der ursprüngliche Ansatz einer effizienteren Vergabe von Fördermitteln durchaus begrüßenswert ist, so birgt die derzeitige rasante Verbreitung von Clusterpolitik ein gewisses Risiko. Mit der fortschreitenden Ausweisung neuer Cluster können Effekte entstehen, die der ursprünglichen Idee einer Konzentration von Fördermitteln entgegenwirken. Solche Effekte können dann auftreten, wenn „jede Region meint, möglichst viele Cluster für sich reklamieren zu müssen, weil sie sich davon Fördermittel erhofft und/oder weil sie Angst hat, in einem potenziellen Wachstumsfeld nicht präsent zu sein" (REHFELD 2005, S. 6). In diesem Fall droht die Folge, dass die strukturpolitischen Mittel derart breit gestreut werden, dass nirgends mehr die Dichte oder kritische Masse für eine eigendynamische Clusterentwicklung erreicht werden kann. Ein solches Verhalten führt zu der Frage wie man förderwürdige Cluster von politischen Wunschclustern unterscheiden kann? Bisher wurde bei der Auswahl förderwürdiger Cluster häufig auf wettbewerbliche Verfahren gesetzt. Letztendlich haben solche Verfahren, die auf der Entscheidung einer Jury beruhen, allerdings zwei gravierende Probleme: Zum Einen haben sie ein Legitimitätsproblem, wenn nicht vollkommen transparent ist nach welchen Kriterien die Jurymitglieder ausgewählt wurden und aufgrund welcher Kriterien sie ihre Auswahl treffen. Zum Anderen ist eine objektive Auswahl ohne vergleichbare empirische Daten über die Qualitäten der einzelnen Cluster eigentlich nicht möglich.

Erst die Untersuchung der clusterinternen Struktur mit Bottom-up Verfahren wie beispielsweise der Netzwerkanalyse erlauben eine Auswahl förderwürdiger Cluster auf Basis harter, clusterübergreifend vergleichbarer Maßzahlen und können Stärken und Schwächen in der Netzwerkstruktur offenbaren, wodurch wesentlich gezieltere Maßnahmen zur Clusterentwicklung möglich werden.

Für das Clustermanagement ist davon auszugehen, dass mit einer zunehmenden Förderung von Clustern auch bald die Forderung nach einer Evaluation der Effektivität und Effizienz dieser Maßnahmen einher geht. Auch in diesem Fall bietet sich die Netzwerkanalyse, als Methode für die Evaluation und das fortlaufende Monitoring der Netzwerkbeziehungen in einem Cluster, für das Clustermanagement an.

3 Grundzüge der Netzwerkanalyse

Die Netzwerkanalyse ist eine interdisziplinäre Forschungsmethode, zu deren Entwicklung und Verbreitung unter anderem Soziologen, Ethnologen, Politikwissenschaftler, Physiker und Mathematiker beigetragen haben. Gegenstand der Netzwerkanalyse ist eine Menge von Akteuren und die dazwischen verlaufenden Verbindungen (Relationen).

Obwohl sich die Geschichte der Netzwerkanalyse bis in die 1920er Jahre zurückverfolgen lässt,[2] findet die Methode erst seit den 1970er Jahren zunehmende Verbreitung durch massive Fortschritte im Bereich der Datenverarbeitung und die Entwicklung von Algorithmen, die es erlauben, Netzwerke graphisch darzustellen und komplexe Berechnungen vorzunehmen (vgl. VYBORNY U. MAIER 2007, S. 3). Der eigentliche Durchbruch dieser Disziplin gelang allerdings erst Mitte der 1990er Jahre.

In den letzten Jahren lässt sich ein immer stärker werdendes öffentliches und wissenschaftliches Interesse an sozialen Netzwerken feststellen, das KNOKE UND YANG (2008, S. 1) exemplarisch an der steigenden Zahl sozialwissenschaftlicher Literatur, die sich mit sozialen Netzwerken beschäftigt, festmachen.

Gründe dafür sehen sie unter anderem in popkulturellen Phänomenen wie der rasanten Verbreitung von sozialen Websites wie Facebook oder MySpace unter Studenten, flankiert von den Ratschlägen der Wirtschaftspresse, Netzwerkmöglichkeiten für den persönlichen Profit und die Karriere auszunutzen.

Die moderne Netzwerkanalyse bietet ein breites Spektrum an Methoden und Instrumenten, die unter anderem die Visualisierung von Netzwerken, die Identifikation zentraler Akteure aufgrund unterschiedlicher Kriterien sowie die Analyse zusammenhängender Teilgruppen ermöglichen.

Dieses Kapitel dient dazu, wichtige Grundbegriffe der Netzwerkanalyse zu erläutern, die für das Verständnis der empirischen Ergebnisse benötigt werden.

---

[2] Ausführlichere Erläuterungen zur Entstehungsgeschichte der Netzwerkanalyse finden sich zum Beispiel bei JANSEN (2006, Kapitel 2) oder HOLZER (2006, Kapitel II.1).

3.1 Relationen

Nach JANSEN (2006, S. 13) lässt sich der Begriff des Netzwerkes rein formal definieren als „ein abgegrenzter Set von Knoten und ein Set der für diese Knoten definierten Kanten." Anstelle dieser, der Graphentheorie entnommenen Begriffe, werden auch häufig die Begriffe Akteure statt Knoten und Relationen oder Beziehungen statt Kanten verwendet. Relationen lassen sich hinsichtlich ihrer Form, ihres Inhaltes und ihrer Intensität differenzieren.

Bei der *Form* von Relationen geht es um die Gerichtetheit der Beziehung. Ungerichtete Beziehungen sind binär, was bedeutet, sie können nur zwei Ausprägungen haben: Entweder sind sie vorhanden oder nicht. Gerichtete Beziehungen können die vier in Abbildung 3.1 gezeigten Ausprägungen haben.

Betrachtet man ein Akteurspaar n_i und n_j, so kann keine Beziehung zwischen beiden bestehen, n_i kann eine einseitige Relation zu n_j haben, n_j kann eine einseitige Relation zu n_i haben, und es kann eine zweiseitige Relation zwischen beiden bestehen.

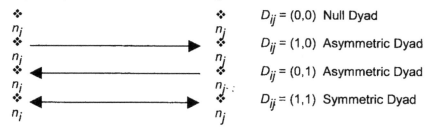

Abbildung 3.1: Die drei Strukturtypen der Dyade (Quelle: JANSEN 2006, S. 60).

Letztendlich ergeben sich für eine Zweierbeziehung (Dyade) nur drei verschiedene Strukturtypen: die symmetrische Dyade, die asymmetrische Dyade und die Null Dyade. Die theoretisch mögliche reflexive Beziehung eines Akteurs zu sich selbst spielt in der netzwerkanalytischen Praxis kaum eine Rolle und ist auch bei vielen Analyseverfahren nicht zugelassen. Ein Beispiel für eine ungerichtete Beziehung ist, „sich anlässlich eines Ereignisses zu treffen", wohingegen „helfen" einer gerichteten Beziehung entspricht (vgl. JANSEN 2006, S. 59).

Der *Inhalt* einer Relation kann sehr unterschiedlich sein und definiert häufig das Forschungsinteresse. Einen Überblick über mögliche Relationsinhalte liefert Tabelle 3.1.

Tabelle 3.1: Klassifikation von Relationsinhalten (Quelle: Eigene Darstellung nach JANSEN 2006, S. 59).

- Transaktionen, bei denen begrenzte Ressourcen transferiert werden, z. B. Kauf, Geschenk;
- Kommunikationen, bei denen nichtmaterielle Einheiten wie Informationen, Normen usw. weitergegeben werden;
- Grenzüberschreitende Relationen, z. B. Mitgliedschaft einer Person in den Aufsichtsräten von zwei oder mehr Unternehmen. Über diese Person wird eine Verbindung zwischen Unternehmen hergestellt;
- Instrumentelle Beziehungen;
- Gefühlsbeziehungen, Bewertungen von anderen hinsichtlich Freundschaft, Respekt, usw.;
- Machtbeziehungen, formale Über- und Unterordnung;
- Verwandtschaftsbeziehungen.

Die *Intensität* bestimmt die Stärke eines Relationsinhalts. Beispiele für Relationsintensitäten sind, wie viel Geld bei einem Geschäft transferiert wird oder wie häufig man sich mit seinen Freunden trifft. Oft wird die Relationsintensität nur binär erhoben; Eine Beziehung ist entweder vorhanden oder nicht. Im Idealfall sollten die erhobenen Netzwerkdaten metrisch skaliert sein, jedoch ist diese Art der Datenerhebung meist sehr aufwendig und nicht immer möglich. In solchen Fällen empfiehlt es sich, auf eine ordinalskalierte Messung zurückzugreifen, um qualifizierte Aussagen über die Relationsintensitäten zu bekommen. Letztendlich ist es immer möglich, höher skalierte Werte durch die Definition von Schwellenwerten nachträglich zu dichotomisieren (vgl. HOLZER 2006, S. 37).

3.2 Gesamtnetzwerke und persönliche Netzwerke

In der Netzwerkanalyse unterscheidet man zwei Grundtypen von Netzwerken: Gesamtnetzwerke und persönliche Netzwerke. In beiden Fällen legt man sich zuerst auf die Menge der Akteure und die Arten von Beziehungen, die es zu untersuchen gilt, fest.

"Bei der Untersuchung von Gesamtnetzwerken ermittelt man zu jedem Akteur, ob Beziehungen zu jedem anderen Akteur der untersuchten Menge bestehen oder nicht. Bei den persönlichen Netzwerken hingegen stellt man für jeden Akteur der

Menge fest, mit welchen Akteuren Beziehungen der vorgegebenen Art bestehen" (SCHNEGG U. LANG 2002, S. 7).

Es ist also durchaus möglich, bei der Analyse persönlicher Netzwerke auf Akteure zu stoßen, die nicht in der vorher abgegrenzten Menge enthalten sind. Bei der Analyse von Gesamtnetzwerken würden diese nicht berücksichtigt. Beide Netzwerkarten unterscheiden sich weiterhin nach den Methoden der Netzwerkabgrenzung und der Datenerhebung.

3.3 Abgrenzung und Datenerhebung in Gesamtnetzwerken

Für die Untersuchung eines Gesamtnetzwerkes ist die Abgrenzung von höchster Bedeutung und gleichzeitig auch das zentrale Problem (vgl. JANSEN 2006, S.71). Es ist wichtig, bei der Abgrenzung nicht „zu große Brocken" wie beispielsweise eine ganze Stadt, sondern „sinnvolle und praktikable kleinere Einheiten zu finden" (SCHNEGG U. LANG 2002, S. 13), wie eine Schulklasse oder einen Wohnblock. Handelt es sich nicht um ein bereits vorher formal abgegrenztes Netzwerk, ist besondere Sorgfalt bei der Wahl der Kriterien für die Abgrenzung nötig. Im Zweifel sollte ein Netzwerk eher etwas großzügiger als zu klein abgegrenzt werden, damit wichtige Akteure nicht außen vor bleiben, denn „auf der Basis eines unzureichend abgegrenzten Netzwerkes besteht dagegen die Gefahr, ein falsches Bild der Netzwerkstruktur zu entwerfen" (JANSEN 2006, S. 72).

Bei der Abgrenzung der Netzwerkakteure lassen sich verschiedene Methoden unterscheiden. Bei der *nominalistischen Methode* entscheidet der Forscher, wer zu einem Netzwerk gehört und wer nicht. Eine Abgrenzung anhand von geographischen Kriterien würde zum Beispiel zum nominalistischen Ansatz zählen.

Bei der *realistischen Methode* entscheiden die Akteure durch ihre Selbstwahrnehmung oder ihr Verhalten, ob sie zum Netzwerk gehören.

Entscheiden die institutionelle Position und die damit verbundenen Anhörungs-, Mitsprache- oder Entscheidungskompetenzen eines Akteurs über seine Zugehörigkeit zu einem Netzwerk, spricht man von der *Positionsmethode*.

Über Einladungslisten, Lobbylisten oder die Teilnahme an gewissen Ereignissen oder Entscheidungen wird bei der *Entscheidungsmethode* die Zugehörigkeit eines Akteurs zu einem Netzwerk definiert.

Da es für den Forscher nicht immer leicht ist, die richtigen Entscheidungskriterien zu finden, werden oft auch Experten aus dem Untersuchungsumfeld um ihre Meinung und Vorschläge zur Netzwerkabgrenzung gebeten (*Reputationsmethode*). Nachträglich ist es häufig möglich, die Netzwerkabgrenzung mit Hilfe der Netzwerkdaten selbst zu validieren (*relationale Methode*) (vgl. JANSEN 2006, S. 73).

Wichtige Methoden für die Datenerhebung in Gesamtnetzwerken sind Beobachtung, Befragung und Auswertung von Sekundärquellen (z. B. Statistiken über die Handelsbeziehungen von Staaten). Am häufigsten angewandt wird die Befragung in Form von Fragebogen oder Interview.

Der Forscher muss sich also im Vorfeld überlegen, welche Relationsform, welche Relationsintensität und welcher Relationsinhalt erhoben werden soll. Er benötigt eine vollständige Akteursliste auf Basis der definierten Abgrenzungskriterien. Der Befragte kann nun gebeten werden, ohne Vorgabe einer Liste diejenigen Akteure frei zu nennen, zu denen er die jeweilige Beziehung unterhält. Diese Liste wird dann mit der vollständigen Liste des Forschers verglichen. „Auf die Nicht-Beziehung zu den nicht genannten Akteuren wird dann einfach geschlossen" (JANSEN 2006, S. 77).

Alternativ kann dem Befragten die vollständige Liste aller identifizierten Netzwerkakteure vorgelegt werden, in die er dann eintragen kann, ob und in welcher Intensität er eine Beziehung zu den anderen Netzwerkmitgliedern unterhält. Die Abfrage der vollständigen Liste benötigt zwar deutlich mehr Platz im Fragebogen, hat aber den Vorteil, dass gleichzeitig geprüft werden kann, ob die Netzwerkabgrenzung des Forschers mit der des Befragten übereinstimmt. In beiden Fällen ist allerdings darauf zu achten, die Geduld und Erinnerungsfähigkeit der Befragten nicht durch überlange Listenabfragen zu stark zu strapazieren.

3.4 Abgrenzung und Datenerhebung in persönlichen Netzwerken

Der wichtigste Unterschied beim Vergleich von Gesamtnetzwerken und persönlichen Netzwerken besteht nach SCHNEGG UND LANG (2002, S. 12) darin,

> „[…] dass es bei der Untersuchung von persönlichen Netzwerken nicht um Aussagen über die Verbundenheit geht, und die erhobenen Daten darüber meist auch keine Informationen enthalten. Die Auswertung konzentriert sich vielmehr darauf, das unmittelbare Umfeld eines Akteurs und dessen Einbettung zu beschreiben."

Daraus ergibt sich ein wesentlicher Nachteil der persönlichen Netzwerkanalyse: Erkenntnisse über Positionen und Rollenverflechtungen wie in Gesamtnetzwerken sind nicht möglich (vgl. JANSEN 2006, S. 73).

Die wichtigste Methode der Datenerhebung in persönlichen Netzwerken ist der so genannte „Namensgenerator". Hierbei werden dem zu untersuchenden Akteur (Ego) Fragen zu unterschiedlichen sozialen Beziehungen zu anderen Akteuren (Alteri) gestellt. Beispiele für Fragen, die gestellt werden könnten, sehen nach SCHNEGG UND LANG (2002, S. 19) wie folgt aus:

1. Nehmen wir an, Sie bräuchten Zucker oder etwas in dieser Art und die Läden sind geschlossen oder Sie bräuchten ein Werkzeug. Wen würden Sie fragen, um diese Dinge auszuleihen?

2. Nehmen wir an, Sie bräuchten Hilfe bei Arbeiten im oder am Haus, z. B. eine Leiter halten oder Möbel verschieben. Wen würden Sie um diese Art von Hilfe bitten?

3. Nehmen wir an, Sie hätten Probleme damit, ein Formular auszufüllen, z. B. die Steuererklärung. Wen würden Sie bei dieser Art von Problemen um Hilfe bitten?

4. Die meisten Menschen besprechen von Zeit zu Zeit wichtige Dinge mit anderen. Im Rückblick auf die letzten sechs Monate, wer sind die Leute, mit denen Sie wichtige Dinge besprochen haben?

Ego kann für jede Frage beliebig viele Alteri nennen, die Abgrenzung des Netzwerkes ergibt sich automatisch aus den genannten Personen, gleichzeitig erhält man Informationen über die Art der Beziehung zwischen Alter und Ego. Da Ego für verschiedene Beziehungstypen denselben Alter mehrmals nennen kann, ist die Methode auch gut für eine Analyse der Multiplexität geeignet, also dem Ausmaß von Mehrfachbeziehungen. Die genannten Alteri müssen nicht der vorher festgelegten Masse der Netzwerkmitglieder entstammen. Werden neu entdeckte Alteri ebenfalls nach ihren persönlichen Netzwerken befragt, erhält man eine Netzwerkabgrenzung nach dem Schneeballprinzip.

Zu beachten bleibt jedoch, dass diese Methode keine vollständige Auskunft über die Richtung der Beziehung gibt. Wenn Ego angibt, in einem Alter einen wichtigen Diskussionspartner zu haben, muss Alter das nicht ebenso empfinden.

3.5 Darstellung von Netzwerkdaten

Netzwerkdaten lassen sich grundsätzlich auf drei verschiedene Arten darstellen: als Matrix, als Graph oder als Liste.

Eine Matrix (M) besteht aus n Zeilen und m Spalten. In die einzelnen Zellen der Matrix (Mij) können Informationen über das Vorhandensein und die Intensität der Beziehung zweier Akteure eingetragen werden.

Ist zwischen zwei Akteuren keine Beziehung vorhanden, wird in der diesem Akteurspaar entsprechenden Zelle der Matrix eine 0 eingetragen. Wenn eine Beziehung vorhanden ist, wird diese mit einer 1 codiert. Wurden auch Daten über die Intensität der Beziehung erhoben, ist es wahlweise auch möglich, höhere Werte als 1 zu verwenden, um die unterschiedlichen Intensitäten wiederzugeben. Eine mit Intensitäten versehene Matrix bezeichnet man als *gewichtete Matrix*, sind die Intensitäten nur binär codiert, ist die Matrix *ungewichtet*.

Die folgende Tabelle von SCHNEGG UND LANG (2002, S. 9) zeigt eine Beispielmatrix:

Tabelle 3.2: Beispiel einer Matrix (Quelle: SCHNEGG U. LANG 2002, S. 9).

	A1	A2	A3	A4	A5	A6	A7	A8	A9
A1	0	0	1	0	0	0	0	0	0
A2	0	0	1	1	0	0	0	0	0
A3	1	1	0	1	0	0	0	0	0
A4	0	1	1	0	1	0	0	0	0
A5	0	0	0	1	0	1	0	0	1
A6	0	0	0	0	1	0	1	0	0
A7	0	0	0	0	0	1	0	1	1
A8	0	0	0	0	0	0	1	0	1
A9	0	0	0	0	1	0	1	1	0

Da ein Akteur keine Beziehung zu sich selbst unterhalten kann, wird die Diagonale der Matrix standardmäßig mit 0 codiert. Die Diagonale teilt die Matrix dann in eine obere und eine untere Hälfte. Sind die Beziehungen aller Akteure bidirektional (werden also erwidert), spricht man von einer *symmetrischen Matrix*. Gibt es unidirektionale Beziehungen (ein Akteur erwidert eine Beziehung nicht), nennt man die Matrix *asymmetrisch*.

Die zweite Darstellungsart ist der Graph. Die folgende Abbildung zeigt einen Graphen, der dieselben Daten wie Tabelle 1 beinhaltet:

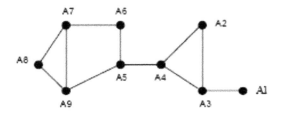

Abbildung 3.2: Beispiel eines Graphen (Quelle: SCHNEGG U. LANG 2002, S. 10).

In einem Graphen sind die Akteure als Punkte (Knoten) und die Beziehungen als Linien (Kanten) dargestellt.

Matrizen und Graphen lassen sich ohne Informationsverlust ineinander umrechnen. Fügt man den Kanten noch Pfeile hinzu, lässt sich damit eine Aussage über die Richtung der Beziehung treffen. Da in Abbildung 3.2 diese Pfeile fehlen, spricht man von einem *ungerichteten Graph*, wären Pfeile vorhanden, wäre es ein *gerichteter Graph*.

„Mit gerichteten Graphen stellt man die asymmetrischen Beziehungen dar, mit ungerichteten die symmetrischen" (SCHNEGG U. LANG 2002, S. 10), die Unterscheidung entspricht den symmetrischen und asymmetrischen Matrizen.

Die Intensität einer Relation lässt sich ebenfalls in einem Graphen abbilden, z. B. durch die Dicke der Kanten oder Pfeile. Einen mit Intensitäten versehenen Graphen nennt man *gewichtet*.

In Graphen gibt es so genannte *Wege* und *Pfade*. Ein Weg ist eine über mehrere Knoten laufende Verbindung, bei der jeder Knoten mehrmals passiert werden darf. Die für die Netzwerkanalyse relevantere Maßzahl ist der Pfad, der definiert ist als „ein Weg, in dem kein Knoten mehr als einmal vorkommt" (TRAPPMANN ET AL. 2005, S. 46). Es ist möglich, dass zwischen zwei Knoten mehrere Pfade existieren. In einem solchen Fall kommt meist dem Pfad mit der geringsten Länge (*geodätischer Pfad*) eine entscheidende Bedeutung zu, da er letztendlich die Distanz zwischen diesen beiden Knoten definiert.

Die Darstellungsform des Graphen ist eine der herausragensten Eigenschaften der Netzwerkanalyse, da Graphen als besonders intuitiv, einfach zu erfassen und zu interpretieren gelten.

Sowohl Matrix als auch Graph eignen sich besonders gut für die Analyse von Gesamtnetzwerken. Zusätzliche Informationen können sehr leicht durch mathematische Methoden der Matrizenrechnung oder der Graphentheorie gewonnen werden. Die dritte und letzte Darstellungsform ist die Liste (vgl. Tabelle 3.3).

Tabelle 3.3: Beispiel einer Liste (Quelle: SCHNEGG U. LANG 2002, S. 11).

```
1  3
2  3
2  4
3  1
3  2
3  4
(...)
9  5
9  7
9  8
```

Die Liste enthält wieder dieselben Daten wie in den beiden oberen Beispielen (mit Ausnahme der Akteure 4-8). „Die erste Spalte enthält die Identifikationsnummer des Akteurs, von dem eine Beziehung ausgeht, und in der zweiten Spalte steht der Akteur, der die Beziehung empfängt" (SCHNEGG U. LANG 2002, S. 11). Diese Darstellungsform ist zwar für Gesamtnetzwerke eher ungeeignet, spielt aber dafür bei der Analyse persönlicher Netzwerke eine bedeutende Rolle.

3.6 Zentralitätsmaßzahlen

Nicht immer ist in einem Netzwerk auf den ersten Blick klar, welche Akteure eine besonders zentrale Rolle einnehmen. Generell gilt: Je komplexer ein Netzwerk ist, desto schwieriger fällt es, intuitiv zentrale Akteure zu identifizieren. Oft gibt es auch verschiedene Sichtweisen darauf, was diese Zentralität ausmacht. Die Netzwerkanalyse bietet verschiedene Konzepte, die „Prominenz" einzelner Akteure messbar zu machen.

Abbildung 3.3 zeigt Graphen von drei verschiedenen Netzwerkgrundformen: Stern, Ring und Linie. Im Folgenden soll die Errechnung der unterschiedlichen Zentralitätsmaßzahlen anhand dieser Grundformen demonstriert werden.

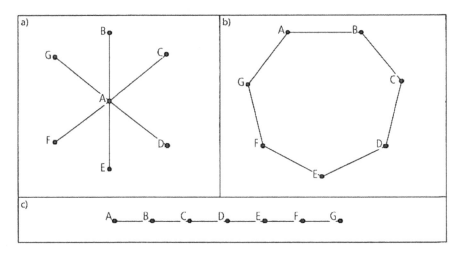

Abbildung 3.3: Stern-, Ring-, und Liniengraph (Quelle: HOLZER 2006, S. 39).

3.6.1 Degree-Zentralität

Das Konzept der Degree-Zentralität geht davon aus, dass derjenige Akteur besonders zentral ist, der über besonders viele Kontakte zu anderen verfügt. Wenn dieser Akteur im Netzwerk eine Ressource benötigt, die er bei einem Partner nicht kriegen kann, hat er noch mehrere andere Möglichkeiten, bei denen er nachfragen kann.

In ungerichteten Netzwerken ist der Degree eines Akteurs gleich der Zahl seiner Verbindungen zu anderen Akteuren. In gerichteten Netzwerken entspricht der *Outdegree* der Zahl der von einem Akteur ausgehenden Verbindungen. Der *Indegree* ist die Zahl der eingehenden Verbindungen. „Der Indegree in gerichteten Netzwerken kann spezifischer als ein „Prestigemaß" interpretiert werden, da er in gewisser Weise die Beliebtheit eines Knotens widerspiegelt" (HOLZER 2006, S. 41). Jansen verdeutlicht den Unterschied zwischen Zentralität und Prestige am Beispiel eines wissenschaftlichen Autors, der viele hoch angesehene andere Autoren zitiert, aber selbst so gut wie nicht zitiert wird. „In diesem Fall hat er eine hohe Zentralität, er hat Zugang zu den Forschungsarbeiten der wichtigen anderen Autoren. Sein Prestige ist jedoch gering, denn seine eigenen Arbeiten werden von anderen nicht zitiert" (JANSEN 2006, S. 127).

Vergleicht man die Degree-Zentralitäten der Akteure im Sternnetzwerk und im Ringnetzwerk, zeigt sich, dass Akteur A im Sternnetzwerk wesentlich zentraler ist als der Rest, da er als einziger einen Degree von sechs, alle anderen aber nur einen Degree von eins haben. Im Ring unterscheiden sich die Akteure hinsichtlich ihrer Degree-Zentralität nicht, da alle einen Degree von zwei haben.

Um Netzwerke unterschiedlicher Größe vergleichbar zu machen, empfiehlt es sich, die Zentralitätswerte zu standardisieren, indem man den Degree eines Akteurs durch die Zahl der Netzwerkmitglieder teilt (minus eines, wenn keine reflexiven Beziehungen zugelassen sind). So erhält man einen Index, der sich unabhängig von der Netzwerkgröße zwischen 0 und 1 bewegt, wobei 0 bedeutet, dass der Akteur vollkommen isoliert ist und 1, dass er maximal verbunden ist. In unserem Sternbeispiel hat Akteur A also eine standardisierte Degree-Zentralität von 6/7-1 = 1. Die anderen Akteure haben analog dazu alle eine Zentralität von 1/7-1 = 0,17.

3.6.2 Closeness-Zentralität

Ein zweiter Ansatz zur Identifikation zentraler Akteure beruht auf der Nähe der Netzwerkmitglieder zueinander und erfasst somit auch indirekte Beziehungen, die über andere laufen. „Indirekte Beziehungen sind schwächer als direkte Beziehungen, sie sind störanfälliger. Aber sie verursachen für den Ego-Akteur auch weniger Kosten- und Zeitaufwand" (JANSEN 2006, S. 133). Für den Chef einer Firma mit 100 Mitarbeitern wäre es ziemlich schwierig, zu allen direkte Beziehungen zu unterhalten. Wenn er aber zehn Abteilungen mit jeweils neuen Sachbearbeitern und einem Abteilungsleiter einrichtet, braucht er nur zu den zehn Abteilungsleitern direkten Kontakt halten, kann aber alle anderen Mitarbeiter trotzdem in nur zwei Schritten erreichen. Sein Degree unterscheidet sich dabei nicht von seinen Abteilungsleitern, die ebenfalls nur über zehn direkte Verbindungen verfügen (neun zu den Sachbearbeitern, eine zum Chef). Dass er aber trotzdem zentraler ist als die Abteilungsleiter, kann erst ein nähebasiertes Zentralitäsmaß deutlich machen (vgl. JANSEN 2006, S. 133). Die Nähe zweier Akteure ist definiert durch die Länge des kürzesten Pfades zwischen ihnen (geodätische Distanz) und lässt sich in einfachen Netzwerken meist direkt am Graphen ablesen. Im Sternnetzwerk ist Akteur A auch nach diesem Konzept am zentralsten, da er alle anderen Akteure in nur einem Schritt erreichen kann, die anderen Akteure sind nur von A einen Schritt, vom restlichen Netzwerk aber zwei Schritte entfernt.

Die Nähe eines Akteurs zu den anderen Netzwerkmitgliedern nennt man auch seine *Closeness*-Zentralität. Sie berechnet sich, indem die jeweils kürzesten Pfaddistanzen eines Akteurs zu allen anderen im Netzwerk aufsummiert werden. „Von dieser Summe (der Farness eines Knotens) nimmt man anschließend den Kehrwert, damit sich im Durchschnitt kürzere Distanzen in einem höheren Closeness-Wert ausdrücken" (HOLZER 2006, S. 42). Auch diese Maßzahl lässt sich standardisieren, indem man sie mit n-1 multipliziert.

Akteure mit hoher Closeness-Zentralität haben eine besonders günstige Position im Netzwerk. Sie können alle anderen Akteure sehr schnell erreichen und sind dadurch seltener auf Vermittlungsleistungen anderer angewiesen. Closeness ist daher als ein Maß für die Unabhängigkeit von anderen interpretierbar.

Auf das Sternnetzwerk im Beispiel angewendet hätte Akteur A zu allen anderen sechs Akteuren eine Pfaddistanz von 1 und damit eine Closeness-Zentralität von 1/6. Standardisiert man diesen Wert, indem man ihn mit n-1 multipliziert, erhält man den Wert 1 und erkennt, dass Akteur A auch nach der Closeness-Zentralität in diesem Netzwerk maximal zentral ist.

Im Ring lässt sich erneut, wie bei der Degree-Zentralität, kein Unterschied zwischen den Akteuren erkennen. In der Linie jedoch ist der in der Mitte liegende Akteur D nun deutlich zentraler als die anderen. Er besitzt zu jeweils zwei Netzwerkmitgliedern die Distanzen 1, 2 und 3, also eine Closeness von 1/12 (standardisiert 0,5). Die

Akteure A und G haben zu den anderen die Distanzen 1, 2, 3, 4, 5 und 6, also insgesamt eine Closeness von 1/21 (standardisiert 0,29).

Zu beachten ist jedoch, dass die Berechnung nur für komplett verbundene Netzwerke sinnvolle Ergebnisse liefert. Treten isolierte Akteure auf, so ist die Distanz zu ihnen unendlich und die Formel liefert keine brauchbaren Ergebnisse mehr. Dieses Problem kann man allerdings umgehen, indem man isolierte Akteure vor der Berechnung der nähebasierten Zentralität wahlweise aus dem Netzwerk entfernt oder ihre Distanz zu anderen auf die maximal mögliche festlegt.

3.6.3 Betweenness-Zentralität

Grundannahme bei dem Betweenness-Konzept ist, dass derjenige Akteur besonders zentral ist, über den die meisten Verbindungen zwischen anderen Akteuren verlaufen, so dass dieser Akteur durch seine Zwischenposition Kontroll- und Profitmöglichkeiten bekommt.

Eine besonders hohe Betweenness-Zentralität erreichen Akteure, die zwei ansonsten unverbundene Teilpopulationen miteinander verbinden, auch *cutpoints* genannt. „Solche Personen haben Einfluss auf das Zustandekommen von Interaktion oder Kommunikation zwischen Teilpopulationen und können Inhalt von Kommunikation kontrollieren und verändern" (TRAPPMANN ET AL. 2005, S. 52).

Die Betweenness-Zentralität eines Akteurs i wird berechnet, indem für jedes Akteurspärchen j und k die Zahl der kürzesten Pfade zwischen diesen Akteuren, die über i laufen, in Bezug zu der Zahl aller kürzesten Pfade, die zwischen j und k verlaufen, setzt wird. Diese Wahrscheinlichkeit wird für jedes Akteurspärchen ausgerechnet und aufsummiert.

Da sich die Betweenness-Zentralität genau wie die Closeness-Zentralität über Pfaddistanzen berechnet, ist in beiden Fällen darauf zu achten, nur mit komplett verbundenen Netzwerken zu arbeiten und isolierte Akteure gegebenenfalls zu entfernen, da die Pfaddistanz zu isolierten Akteuren unendlich ist.

Betrachtet man erneut die drei Beispielnetzwerke, ist zu erkennen, dass Akteur A im Stern auch die höchste Betweenness-Zentralität hat. In der Linie laufen über den mittig angesiedelten Akteur D die meisten Verbindungen und im Ring lassen sich die einzelnen Akteure auch nach diesem Konzept hinsichtlich ihrer Zentralität nicht unterscheiden. Im Stern erkennt man unter der Perspektive der Betweenness aber nun die Cutpoint-Funktion von Akteur A, ohne den das Netzwerk komplett zerfallen würde.

Nachdem nun drei verschiedene Arten der Identifikation zentraler Akteure auf die in Abbildung 3.3 dargestellten Beispiele angewandt wurden, zeigt sich, dass sich im Sternnetzwerk der Akteur A hinsichtlich seiner Zentralität sehr stark von den anderen Netzwerkteilnehmern unterscheidet, wohingegen die Zentralitäten im Ring gleichverteilt sind.

Analog zu den Akteuren können sich auch ganze Netzwerke hinsichtlich ihrer strukturellen Eigenschaften unterscheiden. Wenn man Aussagen über Gesamtnetzwerke tätigt, spricht man nicht mehr von Zentralität, sondern von *Zentralisierung*. Diese kann auf Basis verschiedener Zentralitätsmaße berechnet werden und setzt sich zusammen aus dem Verhältnis der Zentralitätsmaßzahl des zentralsten Akteurs zur maximal möglichen Zentralität.

Eine weitere strukturelle Eigenschaft eines Gesamtnetzwerkes ist seine *Dichte.* Sie berechnet sich aus der Anzahl der in einem Netzwerk realisierten Beziehungen, geteilt durch die Anzahl der maximal möglichen Beziehungen (vgl. JANSEN 2006, S. 111). Die *Kohäsion* gibt die Anzahl unverbundener Teilnetzwerke an. Eine hohe Kohäsion bedeutet, dass das Netz kaum Lücken und keine insularen Teilnetze ohne Verbindung untereinander aufweist, so dass alle Akteure direkt oder indirekt miteinander verbunden sind.

Stern und Ring stellen die beiden Extremformen eines Netzwerkes dar. Im Stern gibt es einen „Star", der nach allen Berechnungsarten maximal zentral ist, alle anderen Akteure haben keinerlei Zentralität, also ist auch das Netzwerk insgesamt maximal zentralisiert. Im Ring unterscheiden sich die Akteure nach keiner Berechnungsart: Das Netzwerk hat keinerlei Zentralisierung. „Bei komplexeren Netzwerken endet jedoch die Übereinstimmung zwischen den verschiedenen Maßzahlen" (JANSEN 2006, S. 130). Abbildung 3.4 zeigt einen Überblick über alle Zentralitätsmaße und ihre Berechnung.

Maß	Degree $C_D(n_i)$	Betweenness $C_B(n_i)$	Closeness $C_C(n_i)$
Was wird gemessen ?	erfasst die Anzahl der direkten Verbindungen zu anderen Punkten	erfasst die Anzahl der kürzesten Verbindungen (geodesics) zwischen Punktepaaren, die durch den betrachteten Punkt laufen	erfasst die Nähe (invers dann die Entfernung) eines Punktes zu allen anderen Punkten des Netzes über die Pfaddistanzen
Berechnung	$C_D(n_i) = d_i$ d_i ist der Degree des Akteurs i $d_i = \sum_j x_{ij} = \sum_j x_{ji}$ $i \neq j$	$C_B(n_i) = \sum_{j<k}^{n} \sum^{n} b_{jk}(n_i)$ für $i \neq j \neq k$ $b_{jk}(n_i) = \dfrac{1}{g_{jk}} \cdot g_{jk}(n_i)$ g_{jk} als Anzahl der geodesics zw. n_j und n_k $g_{jk}(n_i)$ als Anzahl der geodesics durch n_i	$C_C(n_i) = \left(\sum_{j=1}^{n} d(n_i, n_j) \right)^{-1}$ für $i \neq j$, wobei die Punkte in dem Netzwerk verbunden sein müssen, sonst ist das Maß nicht berechenbar. $d(n_i, n_j)$ bezeichnet die Anzahl der Kanten zwischen dem betreffenden Punktepaar.
Interpretation	gilt als Maß für die mögliche Kommunikationsaktivität	gilt als Maß für die mögliche Kommunikationskontrolle	Gilt als Maß für Zentralität bzw. Unabhängigkeit (von anderen), auch Effizienz.
Einführung einer Bezugsgröße	größtmöglicher Degree: $n - 1$	größtmögliche Betweenness: $(n^2 - 3n + 2)/2$	Größtmögliche Closeness: $1/(n - 1)$
Netzwerkform, die die Realisation der Bezugsgröße ermöglicht	Stern	Stern	Stern
Relativierung des Maßes auf Bezugsgröße, deren Ausprägung von der Netzwerkgröße n abhängig ist (netzwerkunabhängige Interpretierbarkeit).	$C'_D(n_i) = d_i /(n-1)$	$C'_B(n_i) = \dfrac{2 \cdot C_B(n_i)}{n^2 - 3n + 2}$	$C'_c(n_i) = \dfrac{n - 1}{\left(\sum\limits_{j=1}^{n} d(n_i, n_j) \right)}$

Abbildung 3.4: Übersicht über Zentralitätsmaße für Akteure (Quelle: JANSEN 2006, S. 137).

3.7 Cliquen und Clans

Neben der auf einzelne Akteure bezogenen Berechnung verschiedener Zentralitäts- und Prestigeindizes bietet die Netzwerkanalyse auch Verfahren, um ein Netzwerk in verschiedene zusammenhängende Teilgruppen (Cliquen) zu zerlegen.

Unter einer Clique versteht man in der Netzwerkanalyse „eine überschaubare Zahl von Akteuren mit häufigen, meist direkten und engen Beziehungen untereinander, die von dem weiteren Umfeld abgegrenzt werden kann" (JANSEN 2006, S. 193).

Die Untersuchung von Cliquen in Netzwerken kann in vielerlei Hinsicht interessant sein. So weisen Mitglieder einer Clique in vielen Bereichen ein recht homogenes Verhalten auf, teilen meist gemeinsame Wertvorstellungen und neigen zu ähnlichem Wahl- und Abstimmungsverhalten. In der Netzwerkanalyse gibt es verschiedene Cliquen-Definitionen, die sich anhand ihrer Restriktivität unterscheiden. Die strengste Definition ist die der *graphentheoretischen Clique*, die aus mindestens drei Akteuren bestehen muss, die alle direkt miteinander verbunden sind. Diese Definition ist allerdings so strikt, dass Cliquen dieser Art selten größer als drei oder vier Personen sind.

Die so genannte *n-Clique* ist etwas weniger restriktiv. Der Wert n bestimmt hierbei eine maximale Pfaddistanz, die die Cliquen-Mitglieder zueinander nicht überschreiten dürfen. In einer 2-Clique sind also alle Mitglieder maximal zwei Schritte voneinander entfernt.

Die n-Clique weist jedoch das Problem auf, dass diese Verbindungen auch über Akteure laufen können, die selber gar nicht Mitglied dieser Clique sind. Da dies dem intuitiven Verständnis einer Clique widerspricht, wurde das Konzept der n-Clique um die Forderung erweitert, dass der Durchmesser der Clique nicht größer als n sein darf, was damit gleichbedeutend ist, dass alle Verbindungen nur über Cliquen-Mitglieder laufen dürfen. Cliquen dieser Art nennt man *soziometrische n-Clique* oder auch *n-Clan*. Man findet sie, indem man zuerst alle n-Cliquen sucht und anschließend diejenigen mit einem Durchmesser größer als n aussortiert.

Ein anderes Konzept zur Abgrenzung kohäsiver Teilgruppen in Netzwerken ist der *k-Plex*. Nach diesem Konzept werden Teilgruppen nicht mehr wie bei den Cliquen und Clans über maximal erlaubte Pfaddistanzen definiert (also die Distanz), sondern über die Anzahl an Akteuren, die sich gegenseitig in nur einem Schritt erreichen können (also die Dichte). Demnach ist ein k-Plex „ein maximaler Teilgraph mit n Akteuren, in der jeder Akteur mindestens (n-k) Akteure direkt erreichen kann" (JANSEN 2006, S. 198).

Man findet k-Plexe, indem man die Degrees der Akteure für die möglichen Teilmatrizen des Netzwerkes betrachtet. Alle zu einem k-Plex gehörenden Akteure müssen einen Degree von mindestens (n-k) besitzen. Der Parameter k legt fest, wie viele Akteure in einer der Teilgruppen nicht direkt erreicht werden müssen.

K-Plexe sind im Vergleich zu n-Clans robuster gegenüber Veränderungen der Akteurkonstellation innerhalb der Gruppe. Entfernt man eine Person aus einem n-Clan, kann dies unter Umständen eine wichtige Brückenperson treffen und damit den Cliquen-Charakter aufheben. Ein k-Plex bliebe weiterhin erhalten, lediglich der maximale Degree aller Akteure und die Zahl der Gruppenmitglieder würde sich um 1 verringern (vgl. JANSEN 2006, S. 199).

K-Cores basieren auf dem gleichen Prinzip wie k-Plexe. Hier gibt der Parameter k jedoch an, „wie viele Verbindungen zu anderen Mitgliedern mindestens vorhanden sein müssen – unabhängig von der Größe de Teilgruppe" (HOLZER 2006, S. 51). K-Cores selbst sind nicht notwendig kohäsive Subgruppen. Die Suche nach ihnen identifiziert aber verdichtete Netzwerkregionen, in denen die Suche nach cliquenartigen Untergruppen Erfolg versprechend ist (vgl. JANSEN 2006, S. 200).

Wann welches Konzept am besten zu verwenden ist, hängt von dem Untersuchungsinteresse ab. HOLZER (2006, S. 51ff.) gibt zur Auswahl des jeweils am besten geeigneten Konzepts folgende Hinweise: Wenn es in einem Teilnetzwerk um den reinen Austausch von Ressourcen oder Informationen geht, ist es meist nicht so wichtig, ob die Beziehungen nur über Cliquen-Mitglieder selbst laufen. In einem solchen Fall sind n-Cliquen ein guter Ansatzpunkt. Wenn es jedoch eine Rolle spielt, ob alle Transaktionen innerhalb einer Gruppe abgewickelt werden, machen die Einschränkungen eins n-Clans Sinn. Die weniger restriktiven k-Plexe eignen sich hingegen besonders dann, wenn eine zu strenge Gruppendefinition zu viele Akteure ausschließen würde.

4 Das Fallbeispiel: IT-Sicherheit in Bochum

Das folgende Kapitel beinhaltet einige grundlegende Informationen zum Standort Bochum, der in der Untersuchung als räumliches Beispiel für die Anwendung der Netzwerkanalyse dient. Zudem soll auf einige Besonderheiten der IT-Sicherheitsbranche hingewiesen werden, die ebenfalls Gegenstand der vorliegenden Untersuchung ist.

4.1 Wirtschaftsstruktur in Bochum

Bochum ist eine Großstadt mit ca. 381.000 Einwohnern und liegt im mittleren Ruhrgebiet (vgl. LDS NRW 2008, S. 5).

Wie alle Städte in dieser Region war Bochum wirtschaftlich bis zu deren Niedergang in den 1960er Jahren sehr stark von der Montanindustrie geprägt. Dem damit einsetzenden Strukturwandel konnte mit der Ansiedlung von Werken der Opel AG begegnet werden. Zudem hat der finnische Konzern Nokia hier 1988 ein Werk übernommen, wodurch viele Arbeitsplätze im produzierenden Gewerbe gehalten werden konnten. Zusätzlich wurde versucht, das mittlere Ruhrgebiet mit der Gründung der Ruhr-Universität Bochum im Jahr 1962 als Wissens- und Technologieregion zu positionieren. Heute verfügt die Region mit zwei Universitäten, fünf Fachhochschulen, 900 Professuren und ca. 42.000 Studenten über eine der dichtesten Hochschul- und Forschungslandschaften des Landes (vgl. IHK BOCHUM 2008).

Im August 2008 lag die Arbeitslosenquote nach Angaben der AGENTUR FÜR ARBEIT BOCHUM (2008, S. 2) bei 9,9 % und damit deutlich niedriger als in anderen Städten des Ruhrgebiets. Die Zahl der sozialversicherungspflichtigen Beschäftigten lag im zweiten Quartal 2007 bei 123.670 (vgl. LDS NRW 2008, S. 14). Damit hat sich trotz der offiziellen Schließung des Nokia Werks am 30. Juni 2008, mit der schätzungsweise 2000 Mitarbeiter arbeitslos wurden, die Arbeitslosenquote im Vergleich zu den Vormonaten verringert. Es ist aber davon auszugehen, dass der Großteil der ehemaligen Nokia Mitarbeiter in dieser Statistik nicht aufgeführt sind, da sie sich derzeit in einer Transfergesellschaft befinden.

Die Schließung des Nokia Werkes ist allerdings nicht die erste Krise, die der Standort durchlebt hat. Bereits Ende 2004 stand das Opelwerk zur Disposition. Damals konnte eine Schließung des Werkes jedoch aufgrund von massiven Protesten abgewendet werden. Trotzdem führte der drohende Verlust an Arbeitsplätzen dazu, dass sich die Stadt Bochum, die IHK und die Ruhr-Universität dazu entschlossen, ein Handlungskonzept zur Stärkung der lokalen Wirtschaft und zur Beschäftigungsförderung zu entwickeln. Auf Basis einer Stärken-Schwächen-Analyse der Unternehmensberatung McKinsey wurde die Wachstumsinitiative „Bochum2015" entworfen.

4.2 Die Wachstumsinitiative Bochum2015

Die Wachstumsinitiative Bochum2015 nahm im Januar 2007 offiziell ihre Arbeit auf und ist als Stabsstelle direkt der Oberbürgermeisterin unterstellt. Ziel ist es, bis 2015 ca. 10.000 Arbeitsplätze zu schaffen und zu sichern. Darüberhinaus soll zu einer besseren Vernetzung von Wirtschaft und Wissenschaft beigetragen werden. Wachstum soll dabei vor allem durch Konzentration auf die vier Fokusbranchen Verkehrstechnik (Fahrzeugbau, Automotive), Informationstechnologie (IT-Sicherheit), Medizintechnik und Klinikexzellenz sowie Maschinen- und Anlagenbau erzeugt werden. Zusätzlich soll das Querschnittsfeld „Human Resources" branchenübergreifend zu einer ausreichenden Qualifizierung der lokalen Arbeitnehmer beitragen.

Als flankierende Maßnahme werden in regelmäßigen Abständen themenoffene und themenspezifische Gründungs- und Wachstumswettbewerbe veranstaltet. Den Anfang machte der branchenübergreifende Gründungswettbewerb „Senkrechtstarter", der mit einem Preisgeld von über 100.000 Euro dotiert war und die Teilnehmer dazu aufforderte, innerhalb von sechs Monaten mit der Unterstützung eines Expertennetzwerkes einen vollständigen Businessplan zu erarbeiten. Der Senkrechtstarter endete mit einer Preisverleihung am 23. April 2008. Insgesamt nahmen 269 Personen an dem Wettbewerb teil. Am 22. Oktober 2008 findet die Auftaktveranstaltung des zweiten „Senkrechtstarters" statt.

Auch wenn der Begriff „Cluster" in Bochum nicht direkt verwendet wird, entspricht doch die strategische Vorgehensweise von Bochum2015 mit der Stärkung weniger Fokusbranchen, der Technologieorientierung und der Vernetzung von Wissenschaft und Unternehmen, den Definitionskriterien von Clusterpolitik (vgl. KIESE 2008, S. 32).

4.3 Die IT-Sicherheitsbranche

Die IT-Sicherheitsbranche stellt die thematische Abgrenzung des Untersuchungs-
gegenstandes dar und ist ein spezialisierter Teilbereich der IT-Branche. Eine einheitliche Definition des Begriffs IT-Sicherheit gibt es bisher nicht. Die Begriffe Informationssicherheit, Informations- und Kommunikationssicherheit, Datensicherheit, IT-
Sicherheit oder auch Sicherheit in der Informationstechnik werden häufig synonym
verwendet. In der deutschen Literatur wird vorwiegend der Begriff IT-Sicherheit verwendet, auch wenn der Begriff Informationssicherheit angemessener wäre, wenn es
um den Schutz von Informationen geht, unabhängig davon, in welcher Form sie
verarbeitet oder gespeichert sind (vgl. PAAR U. KLEMPT 2007, S. 4). Das Bundesamt
für Sicherheit in der Informationstechnik (BSI) benutzt daher ebenfalls diesen Begriff
und definiert IT-Sicherheit als „einen Zustand, in dem die Risiken, die beim Einsatz
von Informationstechnik aufgrund von Bedrohungen und Schwachstellen vorhanden
sind, durch angemessene Maßnahmen auf ein tragbares Maß reduziert sind." (BSI
2007, S. 44).

Ziel von IT-Sicherheitslösungen ist es, den Schutz von Informations- und Kommuni-
kationssystemen in drei Dimensionen zu gewährleisten. Diese sind:

- **Vertraulichkeit:** Informationen werden vor unberechtigter Kenntnisnahme ge-
  schützt. Das System muss so aufgebaut sein, dass ein Zugriff nur für befugte
  Personen oder Dienste möglich ist.
- **Integrität:** Informationen, Systeme und Netze können nicht unbemerkt verän-
  dert werden. Das System muss so beschaffen sein, dass eine Veränderung of-
  fensichtlich wird. Die Sicherstellung der Integrität beinhaltet die Komponenten
  Übereinstimmung, Genauigkeit, Korrektheit und Vollständigkeit.
- **Verfügbarkeit:** Informationen, Systeme und Netze müssen verfügbar sein. Das
  System muss bei einem Zugriff in einem definierten Zeitraum antworten bzw.
  bestimmte Aktionen ausführen. Zum Schutzziel der Verfügbarkeit werden die
  Komponenten Fehlertoleranz, Zuverlässigkeit, Robustheit und Wiederherstell-
  barkeit gezählt (PAAR U. KLEMPT 2007, S. 5; Hervorhebungen im Original).

Da die Bedrohungen für Informations- und Kommunikationssysteme stetig zuneh-
men und auch immer komplexer werden, ist IT-Sicherheit mittlerweile zu einer fes-
ten Voraussetzung für technologischen Fortschritt geworden. Fortschritte im Bereich
der IT-Sicherheit bilden somit den Grundstein für Innovationen in vielen anderen

Wirtschaftszweigen. Man spricht in diesem Zusammenhang auch von der „Enabler"-Funktion von IT-Sicherheit (vgl. PAAR U. KLEMPT 2007, S. 2).

Die Marktfähigkeit vieler technischer Produkte basiert auf dem Vertrauen der Anwender in den Schutz und die Sicherheit der verarbeiteten Informationen. Dies betrifft vor allem die Bereiche des e-Commerce, e-Government und e-Health, aber auch im Bereich der Sicherheit eingebetteter Systeme ist der Bedarf an Sicherheitslösungen groß.

Wichtige Kunden im Markt für IT-Sicherheit sind insbesondere die Automobil-, Bahn- und Flugzeugindustrie und damit verbundene Zulieferer, die Smart Card- und Radio Frequency Identifikation (RFID)-Industrie, Telekommunikationsunternehmen, die Prozessindustrie, das Gesundheitswesen, insbesondere die Medizintechnik, öffentliche Verwaltung sowie das Banken- und Finanzwesen.

Auf dem Markt für IT-Sicherheit lassen sich zwei große Trends feststellen: Der erste Trend ist eine immer stärker werdende Verbreitung von Informationstechnologie. Das umfasst die Umstellung von analoger zu digitaler Verarbeitung und Speicherung von Daten, eine zunehmende Vernetzung von Computersystemen, einhergehend mit fast flächendeckender Verfügbarkeit von Breitbandinternetzugängen und einen zunehmenden Einsatz von IT in Form von eingebetteten Systemen. Der zweite Trend ist eine stetig wachsende Gefahr eben dieser IT-Systeme, zum Beispiel durch Viren, Würmer, Trojaner, Malware, Phishing und immer neuen Arten von Angriffen. Beide Trends führen zu einem steigenden Bedarf an IT-Sicherheit.

Insgesamt präsentiert sich der Markt für IT-Sicherheitsprodukte und -services daher als ein sehr dynamischer und wachstumsstarker Markt. Die weltweiten Ausgaben für IT-Sicherheit beliefen sich nach Angaben des Bundesministeriums für Wirtschaft und Technologie (BMWi) (2008, S. 229) im Jahr 2006 auf 32,5 Milliarden Euro. 2007 stieg diese Zahl um 16,2 Milliarden Euro, also rund 50 %, auf 48,7 Milliarden Euro. Der größte Wachstumsfaktor im IT-Sicherheitsmarkt ist der Markt für IT-Sicherheits-Services mit einem Volumen von 23,8 Milliarden Euro (vgl. Abbildung 4.1).

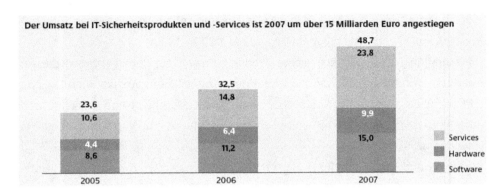

Der Umsatz bei IT-Sicherheitsprodukten und -Services ist 2007 um über 15 Milliarden Euro angestiegen

Abbildung 4.1: Der weltweite Umsatz mit IT-Sicherheitsprodukten und -services in Mrd. Euro 2005-2007 (Quelle: BMWi 2008, S. 229).

Die Zukunftsaussichten dieser Branche sind sehr positiv. Einer Expertenbefragung des Institute for Information Economics (IIE) zufolge sind die Themen „IT-Sicherheit im Internet" und „IT-Sicherheit unternehmensintern" auch in den kommenden Jahren die Top Geschäftsbereiche innerhalb der gesamten IT-Branche (vgl. Abbildung 4.2).

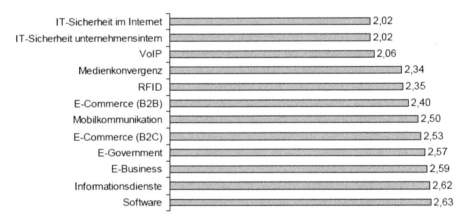

Abbildung 4.2: Top Geschäftsbereiche der IT-Branche nach Schulnoten 2004-2006 (Quelle: IIE (2006): S. 58).

Andere Umfragen zeichnen ein ähnliches Bild ab. So ergab eine Umfrage unter 91 IT-Verantwortlichen durch CAPGEMINI (2008, S. 6) ebenfalls, dass IT-Sicherheit das wichtigste Thema der kommenden Jahre sein wird (vgl. Abbildung 4.3).

Wie wichtig sind die folgenden Themen für Sie in den kommenden Jahren?

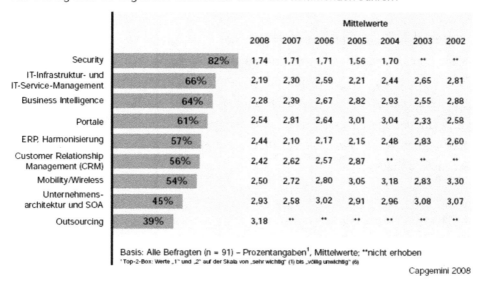

	2008	Mittelwerte					
		2007	2006	2005	2004	2003	2002
Security	82%	1,74	1,71	1,71	1,56	1,70	**	**
IT-Infrastruktur- und IT-Service-Management	66%	2,19	2,30	2,59	2,21	2,44	2,65	2,81
Business Intelligence	64%	2,28	2,39	2,67	2,82	2,93	2,55	2,88
Portale	61%	2,54	2,81	2,64	3,01	3,04	2,33	2,58
ERP, Harmonisierung	57%	2,44	2,10	2,17	2,15	2,48	2,83	2,60
Customer Relationship Management (CRM)	56%	2,42	2,62	2,57	2,87	**	**	**
Mobility/Wireless	54%	2,50	2,72	2,80	3,05	3,18	2,83	3,30
Unternehmens- architektur und SOA	45%	2,93	2,58	3,02	2,91	2,96	3,08	3,07
Outsourcing	39%	3,18	**	**	**	**	**	**

Basis: Alle Befragten (n = 91) – Prozentangaben[1], Mittelwerte; **nicht erhoben
[1] Top-2-Box: Werte „1" und „2" auf der Skala von „sehr wichtig" (1) bis „völlig unwichtig" (6)

Capgemini 2008

Abbildung 4.3: Zukünftige Bedeutung von IT-Themen (Quelle: CAPGEMINI 2008, S. 6).

In Deutschland hatte der Markt für IT-Sicherheit nach Angaben des BMWI (2008, S. 230) im Jahr 2006 ein Volumen von 3,5 Milliarden Euro. Schätzungen zufolge wird sich der Umsatz, der mit Sicherheits-Hard- und Software und mit Sicherdienstleistungen erwirtschaftet wird, bis 2009 auf ca. 5,02 Milliarden Euro erhöhen. Dies entspricht einem durchschnittlichen jährlichen Wachstum von 12,7 % (vgl. Abbildung 4.4).

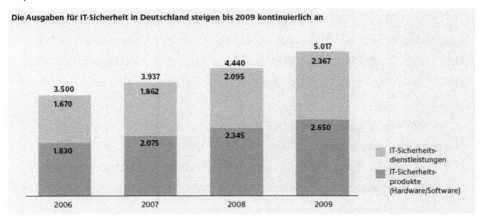

Abbildung 4.4: Deutsche Ausgaben für IT-Sicherheitsleistungen (Quelle: BMWI 2008, S. 230).

4.4 IT-Sicherheit in Bochum

IT-Sicherheit wurde auf Basis strategischer Überlegungen als Fokusbranche der Stadt Bochum ausgewählt. Als grundlegende Strategie wurden unter dem Motto „Stärken stärken" nur Branchen ausgewählt, die besonders zukünftiges Entwicklungspotenzial bieten und die auch ohne spezielle Förderung in Bochum stärker vertreten sind als an vielen anderen Standorten. Im Folgenden wird ein Überblick über bereits vorhandene Infrastrukturen und Netzwerke sowie aktuell ablaufende Prozesse gegeben.

4.4.1 Das Horst Görtz Institut

Dreh- und Angelpunkt des Themas IT-Sicherheit in Bochum ist das Horst Görtz Institut für Sicherheit in der Informationstechnik (HGI). Das HGI wurde 2001 durch Spendenmittel von Dr.-Ing. E.h. Horst Görtz an der Ruhr-Universität Bochum gegründet und ist mit neun Professoren aus den Bereichen Elektrotechnik und Informationstechnik, Mathematik, E-Business und Jura sowie ca. 50 Wissenschaftlern die größte Hochschuleinrichtung dieser Fachrichtung in Europa. Durch die enge Kooperation der beteiligten Lehrstühle deckt das HGI „nahezu alle Bereiche der modernen Kryptographie und IT-Sicherheit ab, unter anderem eingebettete Sicherheit, Kryptographie und kryptographische Protokolle, Netzwerksicherheit, sichere Betriebssysteme und Trusted Computing sowie Digital Rights Management" (PAAR U. KLEMPT 2007, S. 18). Internationale Anerkennung erreichte das Institut durch die Organisation zahlreicher führender Konferenzen wie der Advanced Encrytion Standards (AES) 4, Cryptographic Hardware and Embedded Systems (CHES) 2003, Elliptic Curve Cryptography (ECC) 2004 und der weltgrößten Kryptologie-Konferenz, der Eurocrypt.

Neben der Forschung bietet das HGI auch ein umfangreiches Studienangebot. Dieses setzt sich zusammen aus:

- Bachelorstudiengang IT-Sicherheit/Informationstechnik (sechs Semester)
- Masterstudiengang IT-Sicherheit/Informationstechnik (vier Semester)
- Masterstudiengang IT-Sicherheit/Netze und Systeme (vier Semester)
- Masterstudiengang Applied IT Security (als weiterbildender Fernstudiengang in Zusammenarbeit mit der International School of IT Security – isits).

Das Ausbildungsprogramm wird mit ca. 130 Studienanfängern pro Jahr gut angenommen.

4.4.2 eurobits e.V.

Das europäische Kompetenzzentrum für Sicherheit in der Informationstechnologie (eurobits e.V.) wurde 1999 gegründet und basiert auf zwei Säulen: Die wissenschaftliche Säule bilden das HGI und das daran angegliederte Institut für Sicherheit im E-Business (ISEB), das sich im Gegensatz zum HGI nicht mit den technischen, sondern den ökonomischen Fragestellungen rund um das Thema IT-Sicherheit beschäftigt.

Die wirtschaftliche Säule bilden die Gesellschaft für IT-Sicherheit (gits AG), die auch unter dem Namen isits (International School of IT Security) operiert, die escrypt GmbH und die Zynamics GmbH, die alle im Umfeld von eurobits entstanden sind. Als weiterer Partner gesellt sich die sirrix AG hinzu. Das aus Saarbrücken stammende Unternehmen hat aufgrund der Vorteile von eurobits in Bochum eine Zweigniederlassung eröffnet. Abbildung 4.5 zeigt den Aufbau von eurobits.

Ziel der Organisation ist es, Wissenschaft und Praxis eng miteinander zu verzahnen und so zu einer Kommerzialisierung des an der Universität erzeugten Know-How durch Spin-off-Unternehmen beizutragen.

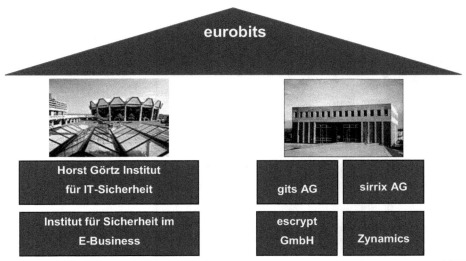

Abbildung 4.5: Struktur von eurobits (Quelle: Eigene Darstellung nach PAAR U. KLEMPT 2007, S. 42).

4.4.3 Das Zentrum für IT-Sicherheit

Das Zentrum für IT-Sicherheit (ZITS) ist ein extra für IT-Sicherheitsunternehmen geplantes und auf deren Bedürfnisse zugeschnittenes Gebäude. Es befindet sich im

Technologiequartier der Stadt Bochum in direkter Nähe zur Ruhr-Universität. Es beherbergt unter anderem drei der vier eurobits Unternehmen und bietet auf 4.000 m² Büro-, Seminar-, und Konferenzraumfläche Platz für weitere Firmen aus dem Gebiet der IT-Sicherheit.

4.4.4 Die IHK

Die Industrie- und Handelskammer im mittleren Ruhrgebiet zu Bochum beschäftigt sich auch mit der IT-Wirtschaft. Durch Bochums besonderen Schwerpunkt auf IT-Sicherheit wird dieses Thema bei der IHK ebenfalls verstärkt bearbeitet. Neben dem allgemeinen Serviceangebot für Unternehmen, das auch IT-Sicherheitsunternehmen zugute kommt, beteiligt sich die IHK an zahlreichen Gremien, Projekten und Veranstaltungen zum Thema IT-Sicherheit. Die Ausstattung mit eigenen Finanzmitteln und engen Kontakte zur lokalen Wirtschaft machen die IHK zu einem sehr handlungsstarken und wichtigen Partner.

4.4.5 networker nrw

Der Unternehmerverein networker nrw ist mit über 400 Mitgliedern der größte IT-Verband in Nordrhein-Westfalen und zählt zu den drei größten IT-Verbänden in Deutschland. Seine Aufgaben sieht der Verein in der Stärkung der Wirtschafts- und Wissenschaftsentwicklung innerhalb der IT-Branche und in der Interessenvertretung gegenüber Land und Kommunen.
Als Dachverband verbindet der networker nrw seit 2004 die ruhr networker und networker westfalen. Diese beiden Unterverbände teilen sich weiter in diverse Regionalforen auf, die sich in ihrer räumlichen Abgrenzung meist an den IHK Bezirken orientieren. Für Bochum und Umgebung ist das Regionalforum networker.ruhr-mitte zuständig. Im Vorstand dieses Regionalforums befinden sich Mitglieder von eurobits, Bochum2015, der IHK und einigen Unternehmen. Ein regelmäßiger Austausch vieler wichtiger Akteure in Bochum ist also auf Basis des Regionalforums bereits gegeben.

4.4.6 Aktivitäten im Bereich IT-Sicherheit

In jüngerer Vergangenheit wurde bereits ein Versuch unternommen, alle Institutionen und Unternehmen, die sich im mittleren Ruhrgebiet mit dem Thema IT-Sicherheit befassen, in einem großen Netzwerk zu vereinen. Das Netzwerk trug den Namen ruhrsecure und wurde im Februar 2003 im Zentrum für IT-Sicherheit durch die Stadt Bochum und die IHK gemeinsam ins Leben gerufen. Weitere Partner bei der Gründung waren die Landesinitiative secure-it.nrw sowie die Mittelstandsoffensive NRW „move". Zusätzliche Förderung erhielt das Netzwerk aus Mitteln des Europäischen Fonds für regionale Entwicklung.

Nach einer schwungvollen und dynamischen Anfangsphase konnte das hohe Tempo beim Ausbau des Netzwerkes aufgrund personeller Veränderungen auf der Organisationsebene nicht aufrechterhalten werden. Da mit dem ruhr networker in der Region noch ein anderes Netzwerk aktiv war, das ähnliche Ziele verfolgt, ist ruhrsecure im August 2004 im ruhr networker aufgegangen.

Die Hauptaktivität des Regionalforums networker.ruhr-mitte ist die Organisation des jährlich stattfindenden Fachkongresses IT-Trends Sicherheit. Die IT-Trends Sicherheit dient kleinen und mittelständischen Unternehmen aus ganz Deutschland als Plattform zum Informations- und Erfahrungsaustausch und bietet die Möglichkeit, das eigene Leistungs- und Produktportfolio zu präsentieren. Am 27. Mai 2008 ging die Veranstaltung im Zentrum für IT-Sicherheit bereits in die vierte Runde. Aufgrund des anhaltend großen Erfolges wird derzeit über eine Vergrößerung der Veranstaltung nachgedacht. Gemeinsame Veranstalter waren 2008 Bochum2015, eurobits, die IHK und der ruhr networker.

Große Projekte wie die IT-Trends Sicherheit werden durch viele kleinere Maßnahmen der Bochumer Institutionen ergänzt. IHK und networker veranstalten zum Beispiel gemeinsam eine Vortragsreihe, die zum Wissenstransfer und zur besseren Vernetzung der Unternehmen untereinander führen soll. Bei der IHK läuft diese Veranstaltung unter dem Namen Branchentreff Multimedia und beim ruhr networker unter Meet-IT. Auch das HGI bietet unter dem Namen HGI Seminar eine eigene Vortragsreihe an und engagiert sich zusätzlich mit mehreren Projekten für die Begeisterung von Schülern für das Thema IT-Sicherheit.

4.4.7 Eine Branche im Aufbruch

Zeitgleich mit der Entstehung dieser Studie kam es in Bochum zu einigen wichtigen Aktivitäten im Bereich IT-Sicherheit, die an dieser Stelle genannt werden sollen.

Unter dem Namen it|shelter – Excellence Cluster IT Security Ruhr nahmen Institutionen und Unternehmen aus Bochum gemeinsam mit vielen weiteren Partnern aus der Rhein-Ruhr-Region am Spitzencluster-Wettbewerb der Bundesregierung teil. Entscheidende Impulse für die Erarbeitung des Wettbewerbsbeitrags gingen hierbei von Bochum und insbesondere dem HGI aus. Obwohl es it|shelter nicht unter die zwölf Finalteilnehmer geschafft hat, sorgte die gemeinsame Erarbeitung des Antrags, verbunden mit mehreren Treffen und Status-Meetings, für eine bessere Vernetzung aller teilnehmenden Akteure. Neben einer generell erhöhten Kooperationsbereitschaft unter den Unternehmen förderte die Zusammenarbeit im Rahmen von it|shelter auch die Einnahme einer regionalen Perspektive in Bezug auf Kooperationsmöglichkeiten. Die bisherigen Akteure haben sich darauf verständigt, den Vernetzungsprozess fortzuführen und planen eine erneute Teilnahme an der nächsten Wettbewerbsrunde.

Erst vor kurzem wurde ein von Bochum2015, eurobits, dem HGI, der IHK und dem ruhr networker gemeinsam formulierter Verbundantrag für die Teilnahme an dem durch Ziel 2-Mittel finanzierten Landeswettbewerb IKT.NRW eingereicht. Sofern der Antrag bewilligt wird, soll mit den Fördermitteln ein Clustermanagement aufgebaut werden, das landesweit alle Clusteraktivitäten im Bereich IT-Sicherheit steuern soll und sicherlich auch dazu beitragen kann, die vielen unterschiedlichen Netzwerkaktivitäten in Bochum zu bündeln und zu koordinieren. Aufgrund der hohen Kompetenz in diesem Themenfeld werden Bochum hohe Chancen zugerechnet, sich gegenüber anderen Standorten durchzusetzen.

Ein Schwachpunkt der IT-Sicherheitsbranche in Bochum liegt bisher noch in der kaum vorhandenen Außendarstellung. Bochum2015 hat damit begonnen, diese Lücke zu schließen und im Mai 2008 den ersten IT-sicherheitsspezifischen Standortflyer veröffentlicht. Der Flyer informiert unter dem Motto „Bochum – Home of secure IT" über die vorhandenen Kompetenzen in Forschung und Ausbildung und stellt exemplarisch vier besonders innovative Firmen der Branche vor.

Ebenfalls parallel zur Erstellung dieser Studie fand in Bochum eine über mehrere Monate andauernde Strategieberatung im Themenfeld IT-Sicherheit durch das Consultingunternehmen Steria Mummert statt. Die Beratung wurde durch Bochum2015 in Auftrag gegeben und finanziert. Neben Vertretern von Bochum2015 nahmen ebenfalls Vertreter der IHK, des HGI, der Ruhr-Universität, dem ruhr networker, eurobits, dem Unternehmen G DATA und der Verfasser dieses Buches an dem Prozess teil. In mehreren Workshops wurden dabei verschiedene strategische und operative sowie spezielle Maßnahmen gemeinsam entwickelt. Als gemeinschaftliche Vision einigten sich die Teilnehmer darauf, dass Bochum sich zu einem Kompetenzzentrum für IT-Sicherheit mit Ausstrahlung auf ganz NRW entwickeln soll.

Auf gemeinsame Initiative von Bochum2015, eurobits, G Data und HGI hat sich vor kurzem die Arbeitsgruppe IT-Sicherheit (AG ITS) gebildet. Am 03.06.2008 fand in der G DATA Academy die Auftaktveranstaltung statt, an der über 60 Akteure aus ganz Deutschland teilnahmen. Einer Pressemitteilung von Bochum2015 zufolge verfolgt die Arbeitsgruppe das Ziel der Bildung eines schlagkräftigen Forums von Akteuren der IT-Sicherheitsszene, das konzentriert die Branche fördert. Mittel der Wahl sind die Förderung von Unternehmenskontakten und der Know-how-Transfer zwischen Wissenschaft und Wirtschaft (vgl. BOCHUM2015 2008). In fünf Workshops zu den Themen Vertrieb, Standort- und Personalmarketing, IT-Sicherheit beim Kunden in der Firma und Recht, Technologische Kooperation (B2B) und Science2Business wurden von den Teilnehmern bereits erste Ziele und Maßnahmen definiert. Als Folgetermin fand am 27.08.2008 in der IHK Bochum das erste IT'S Breakfast statt, das den Unternehmen die Möglichkeit zum Austausch in lockerer Atmosphäre bot. Das IT'S Breakfast wird zukünftig jeden letzten Freitag im Monat stattfinden. Am 10.09.2008 veranstaltete eurobits im Zentrum für IT-Sicherheit das zweite Treffen der Arbeitsgruppe, an dem wiederum rund 60 Akteure teilnahmen.

Auf der Internetplattform XING wurde eine Gruppe eingerichtet, die helfen soll, die IT-Sicherheitsakteure in Rhein-Ruhr zu vernetzen. Das Thema der Gruppe ist „IT-Sicherheit (ITS) in allen seinen Facetten, also z. B. Kooperation B2B, Kooperation S2B (Science2Business), Akquise, Vertrieb, Allgemeines Marketing, Personalmarketing/Recruiting, Standortmarketing, Austausch über aktuelle Probleme und Chancen der ITS" (vgl. AG ITS 2008). Räumlich gesehen erfolgt die Zusammenarbeit auf Ebene der Rhein-Ruhr-Region, die die Städte Düsseldorf, Duisburg, Essen, Bochum und Dortmund umschließt. Seit der Gründung am 06.06.2008 wächst die Gruppe sehr schnell und konnte am 24.09.2008 bereits ihr 400. Mitglied begrüßen.

5 Methodische Vorgehensweise

Der grundlegende Forschungsansatz dieser Studie ist eine empirische Untersuchung eines wirtschaftlichen Clusters. Aus dem Methodenspektrum der empirischen Clusterforschung wurde die Netzwerkanalyse als primäre Untersuchungsmethode ausgewählt, da dieser Ansatz neben einer Visualisierung der Beziehungen im Cluster auch die Berechnung diverser Maßzahlen ermöglicht, die für eine vergleichbare Beschreibung der Qualität des Clusters genutzt werden können. Darüberhinaus erlauben die erhobenen Daten Rückschlüsse auf den evolutionären Entwicklungsstand des Clusters und ermöglichen den Clusterakteuren eine strategische Optimierung ihrer Netzwerkbeziehungen.

5.1 Auswahl des zu untersuchenden Clusters

Anstelle einer eigenständigen Identifikation durch Top-down-Verfahren, soll ein bereits politisch unterstützter Cluster Bottom-up mit der Methode der Netzwerkanalyse auf seine Qualität hin untersucht werden. In Bochum befindet sich mit der Wachstumsinitiative Bochum2015 eine von der öffentlichen Hand getragene Organisation, die eine strategische Clusterpolitik in Form von Fokusbranchen verfolgt (vgl. Kapitel 4.2).

In einem ersten Abstimmungsgespräch mit zwei Mitarbeitern von Bochum2015 wurde die Möglichkeit der Anwendung einer Netzwerkanalyse auf eine der vier Fokusbranchen erörtert. Aufgrund des zu diesem Zeitpunkt gerade in der Entstehung befindlichen Beitrags zum Spitzencluster-Wettbewerb (it|shelter), der überschaubaren Größe und der derzeitigen Dynamik wurde die IT-Sicherheitsbranche als Untersuchungsgegenstand ausgewählt.

5.2 Räumliche Abgrenzung des Untersuchungsgebietes

Bezüglich der räumlichen Abgrenzung des Untersuchungsgebietes boten sich anfangs zwei Alternativen: Die erste Möglichkeit war eine Abgrenzung auf Basis der it|shelter Region (Rhein-Ruhr), einhergehend mit einer quantitativen Befragung einer großen Anzahl an Unternehmen per Post- oder Online-Fragebogen. Die zweite Möglichkeit war eine Abgrenzung auf Basis des Stadtgebietes von Bochum, in Verbindung mit einer qualitativen Befragung aller Akteure dieser Branche. Eine qualitative Totalerhebung auf regionaler Ebene war aufgrund begrenzter zeitlicher und finanzieller Ressourcen bei der Erstellung dieser Untersuchung nicht möglich.

Um eine möglichst hohe Qualität der Untersuchung zu gewährleisten, wurden auf Grundlage der Reputationsmethode (vgl. Kapitel 3.3) zwei zusätzliche Sondierungsgespräche mit weiteren Experten vereinbart. Zum einen wurde das Konzept der Untersuchung auf einer Vorstandssitzung des Regionalforums networker.ruhr-mitte vorgestellt, zum anderen wurde ein Gespräch mit dem wissenschaftlichen Koordinator des HGI, Herrn Dr. Christopher Wolf, geführt. Alle Akteure waren sich einig, dass eine quantitative Befragung auf regionaler Ebene zu einer problematisch niedrigen Rücklaufquote führen könnte. Da die Untersuchung auf Basis des Gesamtnetzwerkes ablaufen sollte, hätte eine niedrige Rücklaufquote aber zu großen Problemen geführt, weil bei der Untersuchung von Gesamtnetzwerken bereits der Ausfall von wenigen zentralen Akteuren das Bild der Netzwerkstruktur massiv verzerren kann.

Eine Beschränkung des Untersuchungsgebietes auf Bochum hatte hingegen den Vorteil, dass einige Experten anboten, ihre auf dieser Ebene vorhandenen Kontakte zu den Unternehmen zu nutzen, um für eine Teilnahme an der Befragung zu werben. Eine hohe Teilnahmequote auf dieser Ebene schien also durchaus wahrscheinlich. Ausgehend von einem regionalen Clusterverständnis ergibt sich bei dieser Beschränkung allerdings das Problem, dass nur ein Teil des Clusters total erhoben werden kann. Durch eine Abfrage der über Bochum hinausgehenden Beziehungen der befragten Akteure lassen sich allerdings Rückschlüsse auf das Beziehungsmuster im Cluster ziehen. Aus diesen Gründen wurde die räumliche Abgrenzung des Untersuchungsgebietes für die Befragung der Unternehmen auf das Stadtgebiet Bochum festgelegt. Im Falle der Institutionen sollten hier Ausnahmen zugelassen werden, sofern diese über einen eindeutigen Bezug zur Bochumer IT-Sicherheitsbranche verfügen (wie z. B. im Fall des ruhr networker dessen Geschäftsführung in Essen ansässig ist, aber im engen Kontakt zu vielen Akteuren der Bochumer IT-Sicherheitsbranche steht).

5.3 Auswahl der Methode der Datenerhebung

Als Methode der Datenerhebung wurde die mündliche Einzelbefragung auf Basis eines stark strukturierten Fragebogens ausgewählt. Entsprechend der Systematiken von ATTESLANDER (2008, S. 123) und SCHNELL ET AL. (2008, S. 323) ist diese Art des Interviews als „standardisiertes Einzelinterview" typisiert. Die Entscheidung für diese Methode erfolgte aus drei Gründen:

1. Die Stärke dieser Erhebungsmethode liegt darin, dass die gewonnenen Informationen aufgrund des standardisierten Erhebungsprozesses gut vergleichbar sind. Das ermöglicht statistische Auswertungen und wichtige Informationen über die beobachteten Sachverhalte und Zusammenhänge können sehr kompakt dargestellt werden.

2. Persönliche mündliche Befragungen haben in der Regel die höchsten Rücklaufquoten (vgl. WEISCHER 2007, S. 211 ff.). Sowohl die Vergleichbarkeit der Daten als auch eine hohe Rücklaufquote sind elementare Voraussetzungen für die Netzwerkanalyse.

3. In Fällen, in denen die Akteure keine Zeit für ein Interview haben, ist es möglich, durch den Versand des Fragebogens auf eine schriftliche Befragung auszuweichen. Hierdurch kann die Rücklaufquote ebenfalls erhöht werden.

5.4 Untersuchte Relationen

Um den Cluster in allen Dimensionen zu erfassen, wurden als Relationsinhalte sowohl Transaktion, im Sinne von Austauschbeziehungen zwischen Lieferanten und Kunden, als auch Kommunikation, im Sinne von Informationsaustausch und Beratung, festgelegt. Das Transaktionsnetzwerk umfasst dabei die horizontalen und vertikalen Verflechtungen, während das Kommunikationsnetzwerk die institutionelle und die Machtdimension abdeckt. In beiden Fällen wurde neben den internen Beziehungen im Untersuchungsgebiet auch nach externen Verbindungen gefragt, um auch die externe Clusterdimension zu erfassen.

Die Relationsintensitäten wurden anhand einer dreistufigen (Transaktionsnetzwerk) bzw. vierstufigen (Kommunikationsnetzwerk) Skala gemessen. Grundlage war in beiden Fällen die Häufigkeit des Austausches. Die Form der Relationen wurde gerichtet erhoben, um zwischen eingehenden und ausgehenden Verbindungen unterscheiden zu können.

5.5 Entwicklung des Fragebogens

Auf diesen Festsetzungen aufbauend wurde unter Einbeziehung der unter 1.1 formulierten Forschungsfragen je ein spezieller Fragebogen für Unternehmen und für Institutionen entwickelt. Als Vorlage für Aufbau und Inhalt der Fragebögen dienten ein von KRÄTKE UND SCHEUPLEIN (2001) bei der Untersuchung von Produktionsclustern in Ostdeutschland verwendeter Fragebogen sowie ein Interviewleitfaden, der von BONNET (2006) bei der Untersuchung der Potenziale zur Entwicklung eines Nanotechnologieclusters in der Region Münster verwendet wurde. Der Rückgriff auf die Grundlagen vorangegangener Untersuchungen hat zwei entscheidende Vorteile: Zum einen haben sich die Formulierungen der Fragen bereits bewährt, was der Verständlichkeit zugute kommt. Zum anderen kann so die Anwendbarkeit verschiedener allgemein formulierter Fragen auf unterschiedliche Untersuchungsbranchen getestet werden. Eine einheitliche Methodik bei der Netzwerkanalyse von Clustern erleichtert zudem die Vergleichbarkeit der erzielten Ergebnisse.

Da ein Großteil der für Unternehmen konzipierten Fragestellungen, insbesondere zu ökonomischen Sachverhalten, für Institutionen nicht relevant ist, wurde für diese eine speziell angepasste Version des Fragebogens entwickelt. (vgl. Anhang II und III).

5.6 Identifikation der Interviewpartner

Da es noch kein vollständiges Branchenverzeichnis der IT-Sicherheitsunternehmen in Bochum gibt, erfolgte die genaue Auswahl der zu befragenden Unternehmen auf Basis der vom HGI und dem Institut für Sicherheit im Business (ISEB) erstellten Studie „IT-Sicherheit in NRW" (vgl. PAAR U. KLEMPT 2007). In dieser Studie wird ein Unternehmen als Anbieter einer IT-Sicherheitsleistung verstanden, wenn es entweder Hard- oder Software herstellt oder eine IT-Sicherheitsdienstleistung erbringt. Unternehmen, die IT-Sicherheitshardware oder -software nicht herstellen, sondern nur anbieten (wie z. B. Mediamarkt), wurden im Rahmen der Erhebung nicht berücksichtigt.

Zur Identifikation der Unternehmen wurden in der Studie „IT-Sicherheit in NRW" folgende Quellen verwendet:

- Branchenbuch IT-Sicherheit,
- Branchen- und Businessleitfaden IT-Sicherheit NRW,
- Branchenführer IT-Sicherheit,
- Internetrecherche unter Gebrauch verschiedener Suchmaschinen und Schlagwörter,
- Teilnehmerlisten von Veranstaltungen, Kongressen, Konferenzen etc.,
- Webseiten von Klicktel.de und Gelbeseiten.de,
- Persönliche Interviews, Gespräche (vgl. PAAR U. KLEMPT 2007, S. 24).

Der Anhang dieser Studie weist 19 IT-Sicherheitsunternehmen mit Sitz in Bochum aus, die alle in die Akteursliste aufgenommen wurden. Diese Zahl deckte sich mit ersten Informationen aus den Vorgesprächen, die von ca. 20 Unternehmen dieser Branche in Bochum ausgingen. Zusätzlich wurden vom Autor, entsprechend der nominalistischen Methode, sieben Institutionen ausgewählt, die unterstützende Leistungen für die Bochumer IT-Sicherheitsunternehmen anbieten.

5.7 Überprüfung der Validität und endgültige Netzwerkabgrenzung

Die Qualität des Fragebogens und die Vollständigkeit und Richtigkeit der Netzwerkabgrenzung wurden mit einem fünf Interviews umfassenden Pretest validiert. Für diesen Test wurden aus der Akteursliste drei Unternehmen und zwei Institutionen ausgewählt, die nach Meinung eines Experten des HGI über eine besonders hohe Branchenkenntnis verfügen. Der Pretest brachte als Ergebnis, dass die Qualität des Fragebogens bereits sehr hoch war und nur noch minimale Veränderungen an einigen Fragestellungen zur Verbesserung der Verständlichkeit durchgeführt werden mussten. Auch die Netzwerkabgrenzung musste nur geringfügig korrigiert werden. Ein Unternehmen war nicht mehr in Bochum tätig, eines war in der Studie doppelt aufgeführt und ein weiteres Unternehmen hatte sich zwischenzeitlich umbenannt. Als Ersatz für die zwei gestrichenen Unternehmen konnten während des Pretests zwei Unternehmen identifiziert werden, die in der Studie nicht aufgeführt waren. Insgesamt umfasste das Netzwerk nach dem Pretest damit 26 Akteure, darunter sieben Institutionen und 19 Unternehmen.

Nachdem ein Teil der Interviews bereits abgeschlossen war, bot sich bei einem Besuch der CeBit die Möglichkeit eines Interviews mit dem Institut für Internetsicherheit if(is) der FH Gelsenkirchen. Da sich das if(is) ebenfalls am Spitzenclusterantrag beteiligt hat, Bochum als Nachbarstadt von Gelsenkirchen in den nahen Einzugsbereich des if(is) fällt und einige Unternehmen das Institut bereits als Kommunikationspartner genannten hatten, wurde das ifi(is) nachträglich in die Untersuchung aufgenommen. Damit stieg die Zahl der für die Befragung vorgesehenen Akteure auf 27 an (vgl. Anhang I).

5.8 Ablauf der Primäruntersuchung und Teilnahmequote

Zur Durchführung der Interviews wurde mit den identifizierten Unternehmen und Institutionen telefonisch Kontakt aufgenommen und der Mitarbeiter ausfindig gemacht, der über die meisten Informationen bezüglich der die IT-Sicherheitsbranche betreffenden Außenkontakte verfügt. In der Regel war dies der Geschäftsführer. Mit dem genannten Ansprechpartner wurde dann ein Interviewtermin vereinbart. Zur Vorbereitung auf das Interview wurde den Gesprächspartnern dann der Fragebogen zugesandt. Einige Akteure hatten allerdings nicht genügend Zeit für ein Interview. In diesen Fällen wurde eine rein schriftliche Befragung vereinbart und der Fragebogen ebenfalls versandt.

Insgesamt konnten 23 von 27 möglichen Datensätzen erhoben werden, davon 18 per Interview und fünf per schriftlicher Befragung. Das entspricht einer Rücklaufquote von ca. 85 %. Vier Akteure nahmen nicht an der Befragung teil, darunter drei Unternehmen und eine Institution. Ein Unternehmen hatte kein Interesse an der Befragung teilzunehmen, die beiden anderen Unternehmen sowie die Institution eurobits erklärten sich zunächst bereit den Fragebogen auszufüllen, sandten diesen allerdings trotz mehrfacher Nachfragen über einen Zeitraum von drei Monaten nicht zurück

5.9 Sekundäre Untersuchungsmethoden

Neben der Netzwerkanalyse als Primärmethode wurden zusätzlich die Sekundäranalyse und die Beobachtung nach WEISCHER (2007) als sekundäre Untersuchungsmethoden eingesetzt. Die Sekundäranalyse umfasste dabei diverse Studien und Statistiken, um allgemeine Informationen über die IT-Sicherheitsbranche und den Standort Bochum zu gewinnen (vgl. Kapitel 4). Die Beobachtung erfolgte in Form einer offenen, teilnehmenden, unstrukturierten Fremdbeobachtung (vgl. WEISCHER 2007, S. 294) und wurde bei der Teilnahme an der Strategieberatung von Steria Mummert Consulting (vgl. Kapitel 4.4.6) sowie bei der Teilnahme am zweiten Treffen der Arbeitsgruppe IT-Sicherheit eingesetzt. Beide Beobachtungen dienten dazu, weiterführende Informationen über die aktuelle und zukünftige Entwicklung der Bochumer IT-Sicherheitsbranche zu sammeln. Da diese Form der Beobachtung auch als „nicht wissenschaftliche Beobachtung" (WEISCHER 2007, S. 294) bezeichnet wird, werden die Ergebnisse dieser Methode nicht gesondert dargestellt. Sofern sich im Folgenden getätigte Aussagen auf die auf die Ergebnisse der Beobachtung stützen, wird darauf gesondert hingewiesen.

5.10 Kooperation mit Bochum2015

Im Rahmen der der Durchführung der Untersuchung kam es zu einer intensiven Kooperation mit Bochum2015; unter anderem wurde so die IT-Sicherheitsbranche gemeinsam mit Bochum2015 als Untersuchungsgegenstand ausgewählt. Des Weiteren standen die dortigen Experten, insbesondere die Themenverantwortliche im Bereich IT-Sicherheit, Frau Hintzmann, dem Verfasser beratend zur Seite, vermittelten Kontakte und luden zu wichtigen Veranstaltungen in diesem Themenfeld ein.

Im Gegenzug wurde versucht, für Bochum2015 relevante Fragestellungen in der empirischen Erhebung zu berücksichtigen und der, für die Fokusbranche IT-Sicherheit zuständigen, Mitarbeiterin Frau Hintzmann wurde die Möglichkeit geboten, an den meisten Interviews teilzunehmen, um sich mit den befragten Akteuren besser zu vernetzen.

Um eine eventuelle Reaktivität durch die Anwesenheit von Frau Hintzmann bei den Interviews möglichst gering zu halten, wurden die Interviewpartner vorher gefragt ob Frau Hintzmann bei den Interviews anwesend sein darf und ob dies einen Einfluss auf ihre Antworten haben könnte. Nur wenn keine Einwände bestanden wurde Frau Hintzmann zu den jeweiligen Gesprächsterminen ebenfalls eingeladen. Während der Interviews griff Frau Hintzmann nicht in den Gesprächsverlauf ein und trug erst nach dem offiziellen des Interviews eigene Anliegen vor. Insgesamt wurde die Begleitung durch Frau Hintzmann nur in einem Fall abgelehnt, alle anderen Akteure hatten keine Einwände. In einigen Fällen begrüßten die Interviewpartner sogar die Möglichkeit, sich im Anschluss an das Gespräch mit einer Vertreterin von Bochum2015 auszutauschen.

6 Darstellung der empirischen Ergebnisse

Im folgenden Kapitel werden die Ergebnisse der empirischen Untersuchung dargestellt. Dazu werden zunächst die Ergebnisse der Unternehmensbefragung unter 6.1 und die Ergebnisse der Befragung der Institutionen unter 6.2 aufgelistet. Die Fragen zu den Transaktions- und Kommunikationsnetzwerken werden im Abschnitt 6.3 mit der Methode der Netzwerkanalyse gesondert ausgewertet und nach sieben Kriterien bewertet (vgl. KRÄTKE U. SCHEUPLEIN 2001, S. 70). Im letzten Abschnitt dieses Kapitels werden die Ergebnisse dann im Rückbezug auf die Forschungsfragen zusammengefasst.

6.1 Ergebnisse der Unternehmensbefragung

Der für die Befragung der Unternehmen verwendete Fragebogen gliedert sich in vier Teile. Im ersten Teil werden allgemeine Betriebskennzahlen sowie Gründe für die Standortwahl und die Zufriedenheit mit dem gewählten Standort abgefragt. Der zweite Teil beschäftigt sich mit den räumlichen Dimensionen der Geschäftsbeziehungen der Unternehmen, insbesondere mit der Herkunft ihrer Zulieferer und dem Sitz ihrer Kunden. Der dritte Teil enthält Fragen zu den Netzwerken der Unternehmen und im vierten Teil werden die Unternehmen gebeten, zur zukünftigen Entwicklung der Branche Stellung zu nehmen.

Frage 1: Wann wurde Ihr Unternehmen gegründet?

Das älteste noch aktuell am Standort Bochum aktive IT-Sicherheitsunternehmen wurde 1982 gegründet. 1988 waren bereits vier Unternehmen in Bochum tätig. Im Zeitraum zwischen 1989 und 1998 wurde keines der befragten Unternehmen gegründet. Wie Abbildung 6.1 zeigt, kam es erst ab 1999 zu einer stetigen Steigerung der Zahl der IT-Sicherheitsunternehmen in Bochum.

Abbildung 6.1: Entwicklung der Unternehmensanzahl (Quelle: Eigene Erhebung 2008).

Frage 2: Wie ist Ihr Unternehmen in Bochum entstanden?

Auf diese Frage konnten die Interviewpartner frei antworten. Die in Abbildung 6.2 gezeigten Kategorien wurden erst nachträglich aus den Antworten gebildet. Fast die Hälfte der befragten Unternehmen entstand als eigenständige Neugründung. Die restlichen Unternehmen sind von anderen Standorten nach Bochum gezogen, haben ein bestehendes Unternehmen übernommen oder entstanden als Zweigniederlassung bzw. Tochterunternehmen. Nur zwei der Unternehmen fallen in die Kategorie der für Cluster typischen Spin-offs.

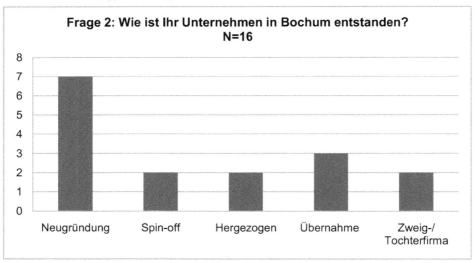

Abbildung 6.2: Gründungsarten der befragten Unternehmen (Quelle: Eigene Erhebung 2008).

Frage 3: Warum haben Sie sich für den Standort Bochum entschieden?

Das Ergebnis dieser Frage liefert Rückschlüsse darauf, welche Faktoren einen Einfluss auf die Standortwahl der Unternehmen hatten. Wie Abbildung 6.3 zeigt, war die Nähe zum Wohnort für die Hälfte der Unternehmer ein entscheidender Grund, sich in Bochum niederzulassen. Die Nähe zur Universität bzw. dem HGI war für sechs Unternehmen ebenfalls ein wichtiges Kriterium. Neben diesen beiden Hauptgründen gibt es eine Vielzahl von Einzelnennungen, die ebenfalls Einfluss auf die Standortwahl hatten. In diese Kategorie fallen zum Beispiel günstige Mieten im Stadtzentrum, ein in Bochum abgeschlossenes Studium oder die Entscheidung auf Basis einer Markt- und Wettbewerbsanalyse.

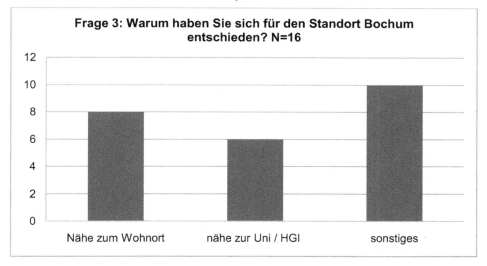

Abbildung 6.3: Gründe für die Standortwahl der Unternehmen (Quelle: Eigene Erhebung 2008).

Frage 4: Wie beurteilen Sie den Standort Bochum im Vergleich zu anderen Städten im Ruhrgebiet?

Die Antworten auf Frage vier geben Auskunft darüber, ob die Bochumer Unternehmen der Meinung sind, besondere Standortvor- oder nachteile gegenüber anderen Städten aus der näheren Umgebung zu genießen. Wie Abbildung 6.4 zeigt, wird der Standort Bochum überwiegend als gleichwertig zu anderen Städten im Ruhrgebiet empfunden. Vier der 16 befragten Unternehmen schätzen den Bochumer Standort für ihr Unternehmen als besser im Vergleich zum Umland ein. Zwei sind der Meinung, der Bochumer Standort sei für ihr Unternehmen im Vergleich zu anderen Städten der schlechtere Standort.

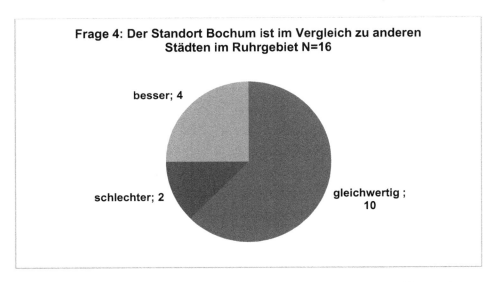

Frage 4: Der Standort Bochum ist im Vergleich zu anderen Städten im Ruhrgebiet N=16

besser; 4

schlechter; 2

gleichwertig ; 10

Abbildung 6.4: Einschätzung des Standorts im Vergleich zu anderen Städten (Quelle: Eigene Erhebung 2008).

Frage 5: Was schätzen Sie am Standort Bochum besonders?

Die Fragen fünf und sechs dienen dazu herauszufinden, in welchen Bereichen die Unternehmen die Stärken und Schwächen des Bochumer Standortes sehen.

Wie Abbildung 6.5 verdeutlicht, schätzen acht der zwölf Unternehmen, die diese Frage beantworteten, an Bochum besonders die Nähe zur Ruhr-Universität. Drei Unternehmen äußern sich positiv zur Infrastruktur der Stadt, hervorgehoben werden insbesondere die gute Autobahnanbindung und der ICE-Bahnhof. Je zwei Interviewpartner schätzen die günstigen Mieten im Stadtzentrum und die zentrale Lage der eigenen Firma sowie die Nähe zum eigenen Wohnort (vgl. Abb. 6.5). Im Vergleich zu Abbildung 6.3 fällt auf, dass die Nähe zum Wohnort zwar ursprünglich ein entscheidendes Kriterium für die Ansiedelung in Bochum war, aber nur selten als Standortfaktor genannt wird. Die Nähe zur Ruhr-Universität hat gleichzeitig an Bedeutung gewonnen. Dieses Ergebnis lässt sich auf zwei Arten interpretieren: Eine mögliche Begründung wäre, dass die Unternehmer mittlerweile die Nähe zur Ruhr-Universität als wesentlich wichtiger einschätzen als die Nähe zum eigenen Wohnort. Die zweite Begründung könnte sein, dass den meisten Unternehmern die Nähe zum eigenen Wohnort nach wie vor wichtig ist, sie dies jedoch nicht als entscheidenden Standortfaktor empfinden. In diesem Fall könnte man dann von einem versteckten Standortfaktor sprechen.

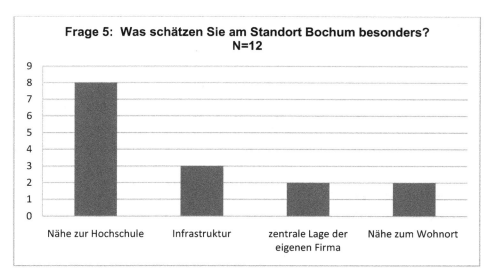

Abbildung 6.5: Was die Unternehmen an Bochum schätzen (Quelle: Eigene Erhebung 2008).

Frage 6: Was gefällt Ihnen am Standort Bochum nicht so gut?

Zu den am häufigsten genannten Kritikpunkten zählen das Stadtbild und das Image der Stadt, mit vier respektive drei Nennungen. Beide Punkte zusammen sorgen nach Berichten einiger Unternehmen für Probleme, hochqualifizierte Mitarbeiter für diesen Standort zu rekrutieren. Ein weiterer Kritikpunkt ist die als „träge" oder „intransparent" empfundene Verwaltung (vgl. Abb. 6.6).

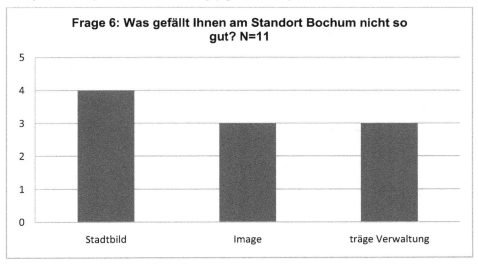

Abbildung 6.6: Was den Unternehmen an Bochum nicht so gut gefällt (Quelle: Eigene Erhebung 2008).

Frage 7: Welche Produkte/Dienstleistungen stellt Ihr Unternehmen hauptsächlich her?

Die Ergebnisse der siebten Frage zeichnen ein sehr heterogenes Bild der IT-Sicherheitsbranche in Bochum. Das von den Unternehmen angebotene Produkt- und Dienstleistungsspektrum ist sehr groß und reicht von der Planung und Umsetzung sicherer Informationssysteme über Datenrettung und Softwareentwicklung bis hin zu Schulungs- und Weiterbildungsangeboten. Auffällig ist, dass sich bezüglich der angebotenen Produkte und Dienstleistungen kaum Überschneidungen feststellen lassen. Es betätigen sich zwar viele Unternehmen in ähnlichen Bereichen wie Beratung oder Softwareentwicklung, innerhalb dieser Marktsegmente haben sich aber alle Unternehmen auf unterschiedliche Zielgruppen oder Lösungsangebote spezialisiert, so dass keinerlei Konkurrenzsituationen erkennbar sind.

Typisch für die befragten Unternehmen ist auch eine hohe Wertschöpfungstiefe: Oft werden mehrere verschiedene Produkte und Dienstleistungen von demselben Unternehmen angeboten. So kombinieren zum Beispiel einige Unternehmen den Vertrieb einer selbst entwickelten Software mit Schulungs- und Wartungsdienstleistungen. Eine genaue Typisierung der Unternehmen fällt daher schwer, Abbildung 6.7 zeigt aber einige Bereiche auf, in denen mehrere Unternehmen (wenn auch mit unterschiedlichen Zielgruppen und Schwerpunkten) tätig sind.

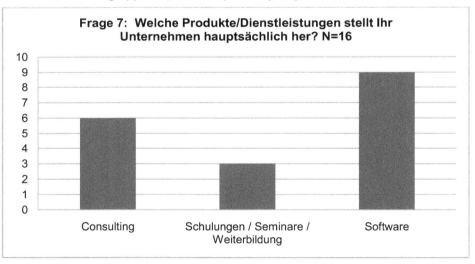

Abbildung 6.7: : Produkt- und Dienstleistungsspektrum der Unternehmen (Quelle: Eigene Erhebung 2008).

Frage 8: Welche Produkte/Dienstleistungen werden hauptsächlich von anderen Unternehmen bezogen?

Die Antworten auf diese Frage fallen ähnlich differenziert aus wie auf Frage sieben. Auch hier können keinerlei Übereinstimmungen bezüglich der für die Leistungserstellung in den Unternehmen benötigten Vorleistungen gefunden werden. Anstelle umfangreicher Einzelnennungen werden die von anderen Unternehmen empfangenen Leistungen in Abbildung 6.8 zur besseren Übersicht in die drei Kategorien Software, Hardware und Dienstleistungen zusammengefasst.

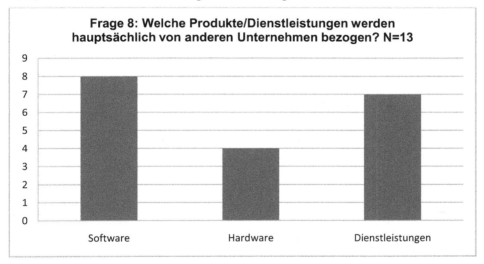

Abbildung 6.8: Von anderen Unternehmen bezogene Vorleistungen (Quelle: Eigene Erhebung 2008).

Insgesamt beziehen acht der dreizehn Unternehmen, die diese Frage beantworteten, Software von anderen Firmen. Beispiele für diese Kategorie sind der Einkauf von Softwarebausteinen, die für die Programmierung eigener Software weiterverwendet werden, oder der Weiterverkauf von Softwarelösungen anderer Unternehmen in Form einer Vertriebspartnerschaft. Vier der Unternehmen beziehen spezielle Hardware wie zum Beispiel Platinen, die zu eigener Sicherheitshardware weiterverarbeitet werden. Sieben der Unternehmen nutzen Dienstleistungen anderer. Auch hier ist das Spektrum groß und reicht von Marketing und Vertriebsdienstleistungen über Webhosting-Dienste bis zu Dozenten, die von den Unternehmen für Vorträge, Seminare oder Weiterbildungen gebucht werden. Ein wesentlicher Teil der von anderen Unternehmen bezogenen Produkte und Leistungen stammt ebenfalls aus dem Bereich der IT-Sicherheit.

Frage 9: Wie viele Beschäftigte hat Ihr Unternehmen derzeit?

In den 15 Unternehmen, die Auskunft auf diese Frage gaben, arbeiteten zum Zeitpunkt der Untersuchung insgesamt 423 Personen. Bei Firmen mit mehreren Niederlassungen wurden nur die in Bochum tätigen Mitarbeiter gezählt. Das kleinste der befragten Unternehmen zählt einen Mitarbeiter, das größte 150. Damit entsprechen alle Unternehmen der Definition von kleinen und mittleren Unternehmen, gemäß Empfehlung 2003/361/EG der Europäischen Kommission vom 06.05.2003. Aus den einzelnen Angaben wurden nachträglich Kategorien gebildet. Abbildung 6.9 zeigt, dass über die Hälfte der befragten Unternehmen nicht mehr als elf Mitarbeiter beschäftigen. Nur zwei Unternehmen haben mehr als 50 Mitarbeiter.

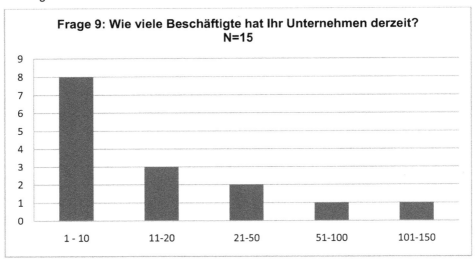

Abbildung 6.9: Beschäftigtenzahlen der Unternehmen nach Größenklassen (Quelle: Eigene Erhebung 2008).

Frage 10: Wie hoch war der Umsatz Ihres Unternehmens (ohne Mehrwertsteuer) 2007?

Diese Frage wurde von 13 der 16 Unternehmen beantwortet. Die Größenklassen sind in der Fragestellung bereits vorgegeben, so dass eine nachträgliche Berechnung der genauen Summe der Umsätze nicht möglich ist.

Jeweils vier Unternehmen liegen in den Kategorien von 500 bis 999 tausend Euro und über fünf Millionen Euro. Mit jeweils vier Nennungen liegen die meisten Unternehmen in den Größenklassen von 500 bis 999 tausend Euro und über fünf Millionen Euro. Zwei Betriebe erwirtschafteten 2007 zwischen 250 und 499 tausend Euro. Die restlichen Kategorien über 100 tausend Euro wurden jeweils einmal genannt.

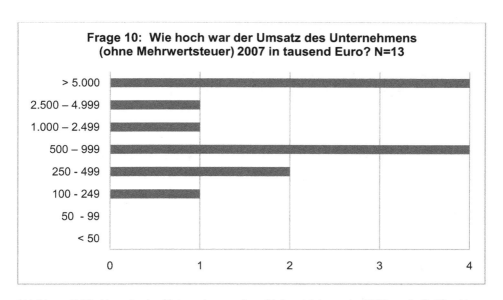

Abbildung 6.10: Umsatz der Unternehmen ohne Mehrwertsteuer in 2007 nach Größenklassen (Quelle: Eigene Erhebung 2008).

Frage 11: Wie hoch war der Anteil Ihres größten Kunden/Auftraggebers am Umsatz 2007?

Auch bei dieser Frage sind die Kategorien vorgegeben. Abbildung 6.11 zeigt, dass mehr als zwei Drittel der Unternehmen weniger als 20 % ihres Umsatzes mit nur einem Kunden erwirtschaften.

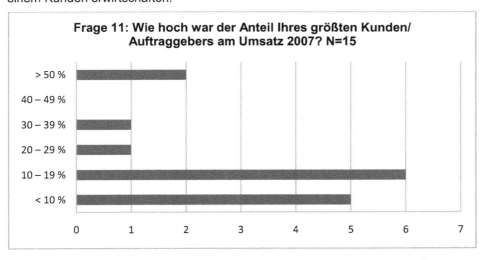

Abbildung 6.11: Anteil des größten Kunden am Umsatz der Unternehmen 2007 (Quelle: Eigene Erhebung 2008).

Mehrere Unternehmer gaben in den Interviews an, dass es sich hierbei um eine bewusste Entscheidung handelt, um das Risiko zu minimieren, das bei dem Ausfall eines großen Kunden entstehen kann. Nur zwei der 15 Unternehmen, die Angaben zu dieser Frage machten, erwirtschafteten 2007 mehr als 50 % ihres Umsatzes mit nur einem einzigen Kunden.

Frage 12: Bietet Ihr Unternehmen neben speziellen IT-Sicherheitsdienstleistungen und -produkten auch nicht sicherheitsrelevante Dienstleistungen und Produkte an?

Die zwölfte Frage besteht aus zwei Teilen. Falls der erste Teil positiv beantwortet wird, sollen die Unternehmen angeben, wie viel Prozent ihres Umsatzes sie ausschließlich mit IT-Sicherheit erwirtschaften. Aus einem „Nein" wird geschlossen, dass das Unternehmen seinen gesamten Umsatz mit IT-Sicherheit erzielt.

Wie anhand von Abbildung 6.12 zu erkennen ist, bieten zwölf von 16 Unternehmen auch nicht sicherheitsspezifische Produkte und Dienstleistungen an.

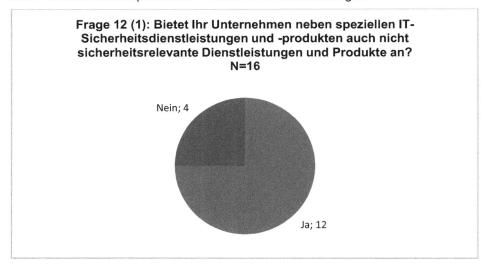

Abbildung 6.12: Anzahl der Unternehmen, die auch nicht sicherheitsrelevante Produkte und Dienstleistungen anbieten (Quelle: Eigene Erhebung 2008).

Abbildung 6.13 zeigt, dass es bei den Unternehmen extreme Unterschiede bezüglich des mit IT-Sicherheit erzielten Umsatzes gibt. Dieses Ergebnis unterstreicht erneut die große Heterogenität der Branche, die sich scheinbar aus zwei unterschiedlichen Typen von Unternehmen zusammensetzt. Auf der einen Seite gibt es sehr stark oder vollständig auf IT-Sicherheit spezialisierte Unternehmen, die mindestens 75 % ihres Umsatzes in diesem Bereich erzielen. Auf der anderen Seite gibt es Unternehmen, bei denen IT-Sicherheit nur einen Teil des angebotenen Leistungsspektrums ausmacht, mit dem höchstens 25 % des Umsatzes erwirtschaftet wird.

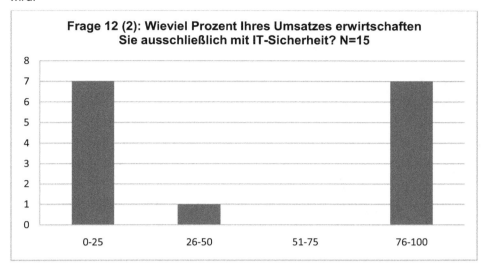

Abbildung 6.13: Anteil des mit IT-Sicherheit erwirtschafteten Umsatzes am Gesamtumsatz der Unternehmen (Quelle: Eigene Erhebung 2008).

Frage 13: Beliefern Sie vorwiegend dieselben oder wechselnde Kunden/Auftraggeber?

Mit Frage 13 soll geprüft werden, wie hoch die Kundenbindung in der IT-Sicherheitsbranche ist. Von den 16 Firmen geben sechs an, überwiegend Stammkunden zu beliefern.

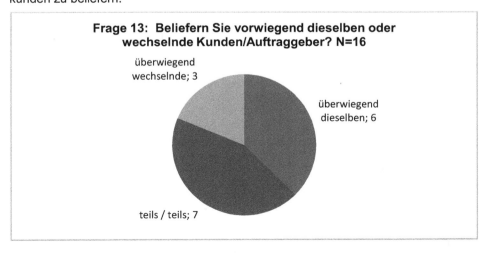

Abbildung 6.14: Beliefern die Unternehmen vorwiegend dieselben oder wechselnde Kunden? (Quelle: Eigene Erhebung 2008).

Sieben Firmen verfügen nach eigenen Angaben über einen großen Bestand an Stammkunden, beliefern aber auch häufig wechselnde Kundschaft, wobei es nicht unüblich ist, dass aus Neukunden im Laufe der Zeit Stammkunden werden. Nur drei der Unternehmen haben eine überwiegend wechselnde Kundschaft (vgl. Abbildung 6.14).

Frage 14: Welchen Standardisierungsgrad hat die Produktionstätig-keit/Leistungserstellung in Ihrem Unternehmen?

Die Antworten auf Frage 14 sollen Erkenntnisse darüber liefern, wie stark die befragten Unternehmen ihre Produkte und Dienstleistungen an spezielle Kundenwünsche anpassen. Dazu konnten die Unternehmen in den Bereichen Software, Hardware und Dienstleistungen jeweils Angaben machen, ob ihr Standardisierungsgrad den Kategorien Einzelfertigung/Einzelleistung nach speziellen Kundenwünschen, Serienfertigung mit aufwendigen Varianten nach speziellen Kundenwünschen, Serienfertigung mit standardisierten Varianten oder Serienfertigung ohne Varianten entspricht. Abbildung 6.15 zeigt, dass bei der Software die drei niedrigsten Standardisierungsgrade nahezu gleichhäufig genannt werden.

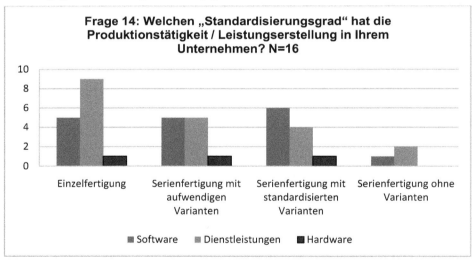

Abbildung 6.15: Der Standardisierungsgrad der Unternehmen (Quelle: Eigene Erhebung 2008).

Bei den Dienstleistungen überwiegen klar die an die speziellen Bedürfnisse jedes einzelnen Kunden angepassten Einzelleistungen. Es werden allerdings auch durchaus Standarddienstleistungen mit aufwendigen oder standardisierten Varianten angeboten. Eine reine Serienfertigung ohne Varianten wird von Bochumer IT-

Sicherheitsfirmen nur vereinzelt angeboten. Im Bereich der Produktion von Hardware ist nur eines der befragten Unternehmen tätig. Der Standardisierungsgrad umfasst hier sowohl Einzelfertigung als auch Serienfertigung mit aufwendigen oder standardisierten Varianten.

Frage 15: Wird in diesem Unternehmen (an diesem Standort) Forschung und Entwicklung betrieben?

Frage 15 ist ähnlich wie Frage 12 zweiteilig aufgebaut. Im ersten Teil wird gefragt, ob das Unternehmen derzeit am Standort Bochum Forschung und Entwicklung betreibt. Falls diese Frage bejaht wird, sollen die Unternehmen angeben, wie hoch die Ausgaben für Forschung und Entwicklung gemessen am Gesamtumsatz im Jahr 2007 waren. Abbildung 6.16 zeigt, dass zehn von 16 der Unternehmen Forschung und Entwicklung betreiben.

Die Höhe der Ausgaben für Forschung und Entwicklung fällt bei den Unternehmen allerdings sehr unterschiedlich aus und schwankt zwischen fünf und 80 % des Gesamtumsatzes von 2007, die meisten Nennungen liegen im Bereich zwischen ein und 25 % (vgl. Abbildung 6.17).

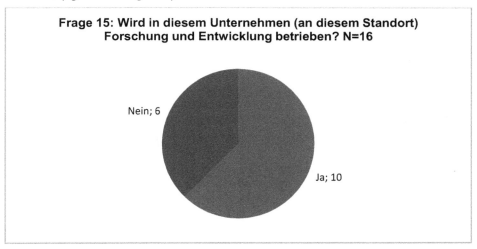

Abbildung 6.16: Wird im Unternehmen Forschung und Entwicklung betrieben? (Quelle: Eigene Erhebung 2008).

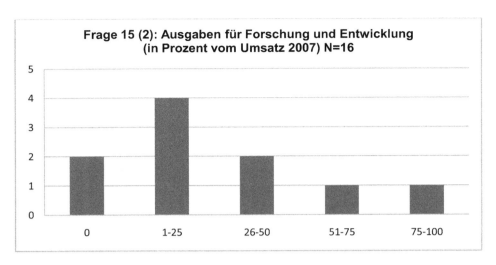

Frage 15 (2): Ausgaben für Forschung und Entwicklung (in Prozent vom Umsatz 2007) N=16

Abbildung 6.17: Ausgaben der Unternehmen für Forschung und Entwicklung 2007 (Quelle: Eigene Erhebung 2008).

Frage 16: Wurden von diesem Unternehmen in den letzten zwei Jahren neue Produkte, Dienstleistungen oder Fertigungsverfahren eingeführt?

Die Einführung neuer Produkte, Dienstleistungen oder Fertigungsverfahren dient als Indikator für die Innovationsleistung beziehungsweise für die Anpassungsfähigkeit der Unternehmen an veränderte Marktsituationen.

Das Ergebnis dieser Frage zeigt, dass jedes der 16 Unternehmen in den letzten zwei Jahren eine solche Innovationsleistung erbracht hat. Wie man an Abbildung 6.18 ablesen kann, wurden von 13 Firmen neue Produkte, von zwölf Firmen neue Dienstleistungen und von drei Firmen neue Fertigungsverfahren eingeführt.

Frage 16: Was wurde in den letzten zwei Jahren neu eingeführt? N=16

Abbildung 6.18: Einführung neuer Fertigungsverfahren, Produkte und Dienstleistungen (Quelle: Eigene Erhebung 2008).

Frage 17: Geben Sie bitte an, woher Sie Ihre Vorleistungen beziehen und wohin Ihre Verkäufe gehen.

Frage 17 erfasst die räumlichen Dimensionen der Geschäftsbeziehungen der Unternehmen. Hier konnten die Unternehmen angeben, woher ihre Zulieferer stammen und wohin ihre Verkäufe gehen. Als Antwortmöglichkeiten standen Bochum, Ruhrgebiet, NRW, BRD, EU, USA und das sonstige internationale Ausland zur Auswahl. Gefragt wurde, wie viel Prozent der Zulieferer und der Kunden auf der jeweiligen Maßstabsebene anzutreffen sind.

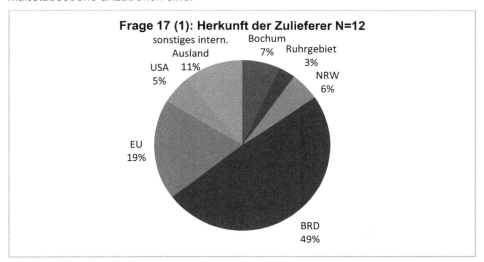

Abbildung 6.19: Herkunft der Zulieferer der Unternehmen (Quelle: Eigene Erhebung 2008).

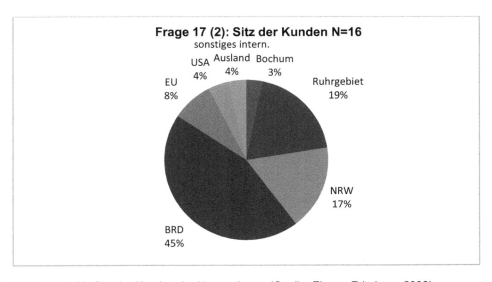

Abbildung 6.20: Sitz der Kunden der Unternehmen (Quelle: Eigene Erhebung 2008).

Für die in Abbildung 6.19 und 6.20 gezeigten Diagramme wurden aus den einzelnen Antworten Durchschnittswerte errechnet. Die Werte der jeweils nächst höher liegenden Ebene enthalten nicht die Werte der darunter liegenden Ebenen.

An Abbildung 6.19 lässt sich ablesen, dass die Bochumer Unternehmen keine besonders intensiven Zuliefererverflechtungen in der näheren Umgebung haben. Nur 15 % der Lieferanten stammen aus Bochum, dem Ruhrgebiet und dem restlichen Nordrhein-Westfalen. Die meisten Zulieferer stammen mit insgesamt 50 % aus dem Gebiet der Bundesrepublik (ohne Nordrhein-Westfalen), gefolgt von der Europäischen Union mit rund 19 %. Aus den Vereinigten Staaten und dem sonstigen internationalen Ausland stammen zusammen ca. 16 % der Zulieferer. Dies deutet darauf hin, dass die Produkte und Dienstleistungen, die von den Bochumer Unternehmen nachgefragt werden, so speziell sind, dass sie in der umliegenden Region nicht beschafft oder an anderer Stelle in besserer Qualität oder zu günstigeren Preisen bezogen werden können.

Für den Aufbau von Kundenbeziehungen scheint räumliche Nähe eine wesentlich wichtigere Rolle zu spielen. Zwar führt auch hier die Ebene der Bundesrepublik anteilsmäßig mit ca. 45 %, allerdings stammen rund 39 % der Kunden der Unternehmen aus Bochum, dem Ruhrgebiet und dem Rest von NRW. Die Ebenen EU, USA und sonstiges internationales Ausland sind mit zusammen ca. 16 % anteilsmäßig wesentlich schwächer vertreten als bei den Zulieferern. Dies lässt sich vermutlich auf die hohe Anzahl der angebotenen Dienstleistungen zurückführen, die in der Regel einen direkten Kontakt zwischen Dienstleister und Kunden erfordern und daher einen geringeren Einzugsbereich aufweisen als Produkte, die sich auch ohne persönlichen Kontakt über große Distanzen ausliefern lassen.

Frage 18: Spielt der Sitz des Zulieferers/Kunden bei der Auswahl der Geschäftspartner eine Rolle?

Mit Frage 18 soll herausgefunden werden, ob der Sitz eines Kunden oder Lieferanten ein Kriterium bei der Auswahl von Geschäftsbeziehungen ist. Wie Abbildung 6.21 zeigt, spielt die räumliche Verortung der Geschäftspartner für 14 der 16 Unternehmen keine Rolle. Ein Unternehmen setzt auf deutschsprachige Zulieferer, ein anderes beliefert schwerpunktmäßig Kunden aus dem Ruhrgebiet.

Abbildung 6.21: Spielt der Sitz der Zulieferer/Kunden bei der Auswahl der Geschäftspartner eine Rolle? (Quelle: Eigene Erhebung 2008).

Frage 19: Das Transaktionsnetzwerk

Zur Erhebung des Transaktionsnetzwerkes wurde den Interviewpartnern eine geschlossene Liste mit allen in Bochum identifizierten IT-Sicherheitsunternehmen vorgelegt. Zu jedem dieser Unternehmen konnten die befragten Akteure angeben, ob es sich dabei um einen ihrer Lieferanten oder Kunden handelt und wie intensiv der Kontakt ist.

In einer zweiten offenen Liste konnten die befragten Unternehmen weitere wichtige Geschäftspartner, die nicht zwingend aus Bochum stammen müssen, frei nennen.

Das Ergebnis der offenen Listenabfrage ist erneut eine große Vielzahl von Einzelnennungen.

Branchenschwerpunkte lassen sich auf Seite der Zulieferer im IT (z. B. Gravis, HP, IBM, Microsoft, SUN) und IT-Sicherheitsbereich (z. B. Immunity Inc., Kapersky, Secunet, Symantec) ausmachen. Die Kunden stammen schwerpunktmäßig aus den Bereichen Regierungseinrichtungen (z. B. Bundesamt für Sicherheit in der Informationstechnik, Bundesministerium für Wirtschaft und Technologie), Automotive (z. B. Audi, BMW, VW), Telekommunikation (z. B. Hansenet, O2, Telekom Austria, Vodafone) sowie Banken und Finanzen (z. B. Deutsche Bank, dwpbank, Royal Bank of Scotland).

Weder bei den Lieferanten noch im Kundenkreis können viele direkte Übereinstimmungen zwischen den befragten Unternehmen festgestellt werden. Nur die Unternehmen IBM, Microsoft und Symantec beliefern mehr als ein Unternehmen in Bochum. Das in Frage sieben bereits veranschaulichte sehr breite Produkt- und Dienstleistungsspektrum spiegelt sich also auch in sehr unterschiedlichen Lieferanten- und Kundenbeziehungen wider.

Frage 20: Das Kommunikationsnetzwerk

Frage 20 ist ähnlich wie Frage 19 aufgebaut und bezieht sich auf das Kommunikationsnetzwerk des jeweiligen Unternehmens. Auch hier gab es für die Interviewpartner die Möglichkeit der freien Nennung wichtiger Kommunikationspartner, was wiederum zu einer großen Anzahl unterschiedlicher Nennungen führte. Zur besseren Übersicht wurden die genannten Kommunikationspartner in vier Kategorien zusammengefasst:

1. Hochschulen und Forschungseinrichtungen: Universität Duisburg-Essen, Universität Mannheim, Universität Saarbrücken, if(is) Gelsenkirchen, Technische Universität Dortmund, Universität München, Deutsches Forschungsinstitut für künstliche Intelligenz, RWTH Aachen, Strens Institute of Technology New Jersey;

2. Verbände, Initiativen und Vereine: Verband Deutscher Maschinen- und Anlagenbau e. V., BITKOM, Herstellerinitiative Software HSI, TeleTrust e. V., eco e. V., Verein deutscher Ingenieure (VDI), Gesellschaft für Datenschutz und Datensicherheit Gründersupport Ruhr, VOI - Verband Organisations- und Informationssysteme e. V.;

3. Regierungseinrichtungen: Bundesamt für Sicherheit in der Informationstechnik, Bundesministerium der Finanzen, Bundesanstalt für Finanzdienstleistungsaufsicht;

4. Unternehmen: Secunet, Ultimaco, T-Systems ICT-Security, Siemens, Infineon, Microsoft, Symantec, Deutsche Bank, IKB Bank.

Die geschlossenen Listenabfragen zu den lokalen Transaktions- und Kommunikationsnetzwerken wurden mit der Methode der Netzwerkanalyse ausgewertet, die Ergebnisse werden im Abschnitt 6.3 ausführlich behandelt.

Frage 21: Wie wichtig ist Ihnen der Austausch mit anderen Unternehmen und Institutionen?

Bevor weitere Netzwerkfragen folgen, soll mit Frage 21 herausgefunden werden, welchen Stellenwert der Austausch von Informationen für die befragten Unternehmen überhaupt hat und ob dabei der Austausch mit anderen Unternehmen oder Institutionen als wichtiger angesehen wird. Wie Abbildung 6.22 zeigt, ist der Austausch von Wissen für die Unternehmen der Bochumer IT-Sicherheitsbranche von großer Bedeutung. Jeweils sieben Unternehmen sehen den Austausch mit anderen Unternehmen als wichtig oder sehr wichtig an. Als Erklärung für ihre Wahl gaben die Unternehmen an, dass durch den Informationsaustausch häufig auch Geschäftskontakte entstehen und der Wissenstransfer Wettbewerbsvorteile gegenüber anderen Firmen bringt.

Den Austausch mit Institutionen halten vier Unternehmen für wichtig und neun sogar für sehr wichtig. Für den Austausch mit Institutionen spricht aus Sicht der Unternehmen vor allem, dass diese Informationen meist leichter herausgeben als andere Unternehmen und zudem oft zu geringeren Kosten oder sogar völlig kostenfrei.

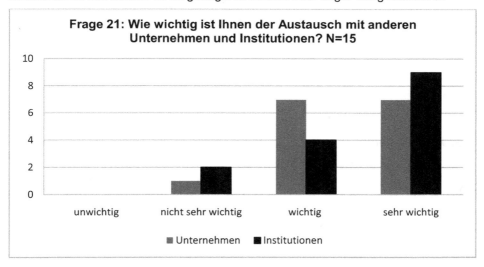

Abbildung 6.22: Wie wichtig ist den Unternehmen der Austausch mit anderen Unternehmen und Institutionen (Quelle: Eigene Erhebung 2008).

Frage 22: Sind Sie Teil eines oder mehrerer Netzwerke?

Inwieweit die Unternehmen bereits vernetzt sind, wird mit Frage 22 erfasst. Von den 16 befragten Unternehmen war nur eines zum Zeitpunkt der Untersuchung nicht in einem Netzwerk tätig, plante aber, dies in naher Zukunft zu ändern. Das am weitesten verbreitete Netzwerk ist der ruhr networker, die Hälfte der befragten Unternehmen ist hier Mitglied. Vier der Unternehmen sind Mitglied bei eurobits, drei besitzen eigene Partnernetzwerke. Jeweils zweimal wurden it|shelter[3], TeleTrust und die Wirtschaftsjunioren genannt (vgl. Abbildung 6.23).

---

[3] it|shelter war eigentlich ein Bundesspitzenclusterantrag, wurde aber von zwei Unternehmen als Netzwerk genannt.

Hinzu kamen zahlreiche Einzelnennungen wie zum Beispiel BITKOM, IT security made in Germany, Trusted Computing Group und Xing. Viele Unternehmen sind in mehreren Netzwerken gleichzeitig Mitglied.

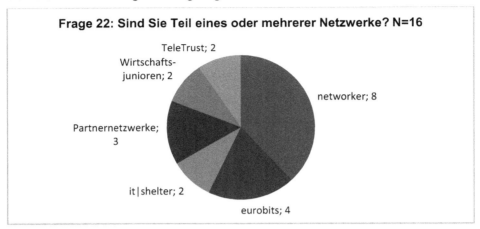

Abbildung 6.23: Netzwerke der Unternehmen (Quelle: Eigene Erhebung 2008).

Frage 23: Haben Sie durch die Mitgliedschaft in einem Netzwerk in den letzten zwei Jahren in irgendeiner Weise profitiert?

Wie sich anhand von Abbildung 6.24 erkennen lässt, konnten nur zwei der 13 in Netzwerken aktiven Unternehmen, die diese Frage beantworteten, in den letzten zwei Jahren aus ihrer Mitgliedschaft keinen Vorteil ziehen. Elf der Unternehmen konnten bereits in irgendeiner Form von ihren Netzwerken profitieren. Am häufigsten manifestierten sich diese Vorteile in Form von geschäftlichen Kontakten oder eines Wissenstransfers.

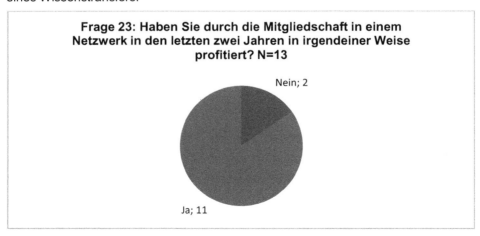

Abbildung 6.24: Profitieren die Unternehmen von Netzwerken? (Quelle: Eigene Erhebung 2008).

Frage 24: Hätten Sie noch gerne Kontakt zu anderen Unternehmen/Institutionen, den Sie bisher noch nicht haben? Wenn ja, zu wem?

Ebenso wichtig, wie zu erfahren, mit welchen anderen Unternehmen und Institutionen die Unternehmen bereits vernetzt sind, ist es zu wissen, mit wem sie bisher noch nicht vernetzt sind. Diese Art von Informationen gibt unterstützenden Einrichtungen die Möglichkeit, gezielt Kontakte aus Bereichen zu vermitteln, die für die Unternehmen interessant sind.

Abbildung 6.25 zeigt, dass sich fast die Hälfte aller Firmen noch Kontakte wünscht, die sie bisher selber noch nicht knüpfen konnten. Als häufige Gründe hierfür wurden Zeitmangel, unzureichende Informationen über geeignete Partner oder geringe Resonanz auf bereits durchgeführte Anfragen genannt.

Wie nützlich diese Informationen sein können, zeigt sich sehr schnell. Drei der sieben Unternehmen, die Angaben machten, welche Kontakte ihnen noch fehlen, konnten im direkten Anschluss an die Interviews bereits Ansprechpartner aus den entsprechenden Bereichen genannt werden.

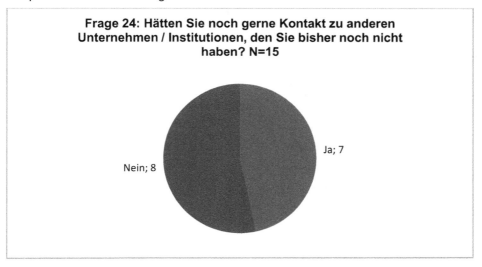

Frage 24: Hätten Sie noch gerne Kontakt zu anderen Unternehmen / Institutionen, den Sie bisher noch nicht haben? N=15

Ja; 7

Nein; 8

Abbildung 6.25: Hätten die Unternehmen gerne noch Kontakte, die sie bisher noch nicht haben? (Quelle: Eigene Erhebung 2008).

Frage 25: Wie wird sich die IT-Sicherheitsbranche in den nächsten zwei Jahren entwickeln?

Frage 25 eröffnet den letzten Teil des Fragebogens, in dem die Unternehmen die zukünftige Entwicklung der gesamten Branche, ihres Unternehmens und dem Ruhrgebiet als Kompetenzregion für IT-Sicherheit abschätzen sollen. In dieser Frage geht es zunächst darum, einzuschätzen, ob die IT-Sicherheitsbranche auf den vier

Ebenen weltweit, deutschlandweit, in NRW und in Bochum wachsen, stagnieren oder schrumpfen wird.

Das in Abbildung 6.26 dargestellte Ergebnis zeigt, dass die befragten Unternehmen die zukünftige Entwicklung der Branche sehr positiv einschätzen. Kein einziges Unternehmen erwartet, dass die Branche auf irgendeiner Maßstabsebene schrumpfen wird.

Weltweit und deutschlandweit gehen 15 Unternehmen davon aus, dass die Branche wachsen wird, jeweils nur ein Unternehmen rechnet mit einer Stagnation der Branche. Was die kleinräumigeren Ebenen angeht, sind die Unternehmen deutlich skeptischer. Zwei Unternehmen trauten sich hier keine treffenden Vorhersagen zu. Für NRW geht zwar die Mehrheit von neun Unternehmen von einem Wachstum aus, allerdings rechnen hier auch fünf Firmen mit einer Stagnation in den nächsten zwei Jahren. Bochum schneidet etwas besser ab als das Bundesland NRW, hier gehen elf Firmen von einem Wachstum der Branche aus, nur drei rechnen mit Stagnation.

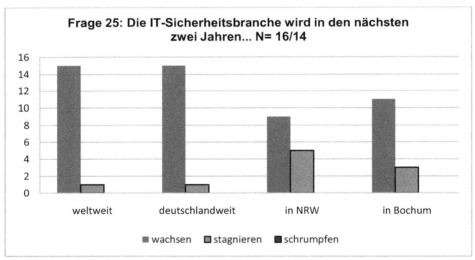

Abbildung 6.26: Wie die Unternehmen das Wachstum der Branche einschätzen (Quelle: Eigene Erhebung 2008).

Frage 26: Wird Ihr Unternehmen in den nächsten zwei Jahren wachsen, stagnieren oder schrumpfen?

Das Ergebnis von Frage 26 zeigt ein sehr eindeutiges Bild. 15 der befragten Akteure planen ein Wachstum ihres Unternehmens. Nur in einem Fall könnte es zu einer Schließung des Standortes in Bochum aufgrund der Entscheidung einer ausländischen Muttergesellschaft kommen (vgl. Abbildung 6.27).

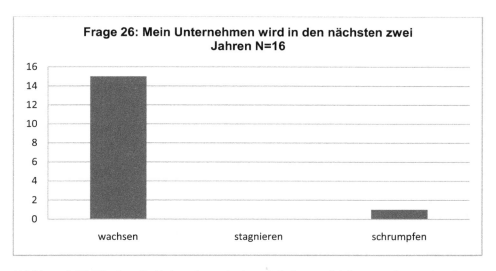

Abbildung 6.27: Werden die Unternehmen in den nächsten zwei Jahren wachsen, stagnieren oder schrumpfen? (Quelle: Eigene Erhebung 2008).

Frage 27: Das Ruhrgebiet wird sich zukünftig zu Europas führendem Standort für IT-Sicherheit entwickeln.

In Frage 27 wurden die Unternehmen gebeten anzugeben, inwieweit sie die Aussage teilen, dass sich das Ruhrgebiet zukünftig zu Europas führendem Standort für IT-Sicherheit entwickeln wird.

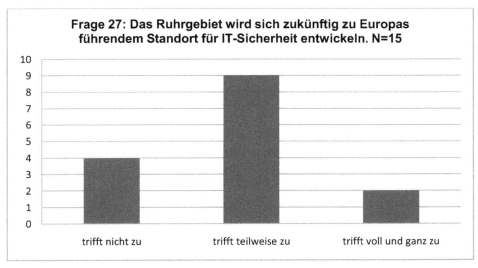

Abbildung 6.28: Wird sich das Ruhrgebiet zukünftig zu Europas führendem Standort für IT-Sicherheit entwickeln? (Quelle: Eigene Erhebung 2008).

Vier der befragten Akteure stimmen dieser Aussage nicht zu und sehen andere Regionen in Europa beim Thema IT-Sicherheit zukünftig vor dem Ruhrgebiet. Neun Unternehmen sind in dieser Hinsicht unentschlossen und sehen das Ruhrgebiet zwar in einer guten Ausgangsposition, rechnen aber mit durchaus starker Konkurrenz durch andere Regionen. Zwei Unternehmen sind sich ziemlich sicher, dass das Ruhrgebiet auf dem Weg als Standort für IT-Sicherheit europaweit führend wird (vgl. Abbildung 6.28).

Frage 28: Was kann Ihrer Meinung nach zu einer Steigerung der Wertschöpfung in der IT-Sicherheitsbranche in Bochum führen?

Nach Porter führen sowohl die erhöhte Innovationsgeschwindigkeit und Kostenersparnisse durch Kooperation als auch der durch starke Konkurrenz ausgelöste Rationalisierungs- und Innovationszwang zu mehr Wertschöpfung in einem Cluster (vgl. PORTER 1999, S. 55). Frage 28 zielt darauf ab zu erfahren, welches dieser Elemente die Bochumer Unternehmer derzeit als wichtiger betrachten.

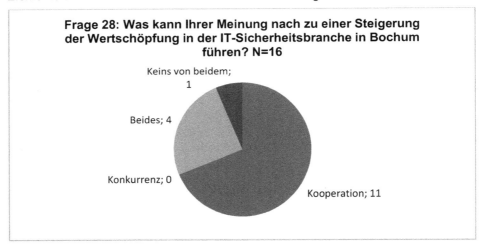

Abbildung 6.29: Was führt zu einer Steigerung der Wertschöpfung in der IT-Sicherheitsbranche in Bochum? (Quelle: Eigene Erhebung 2008).

Abbildung 6.29 verdeutlicht, dass elf der 16 Unternehmer der Meinung sind, dass mehr Kooperation die Wertschöpfung der IT-Sicherheitsbranche in Bochum am stärksten steigern würde.

Vier Unternehmen gehen davon aus, dass sowohl mehr Kooperation als auch mehr Konkurrenz einen positiven Einfluss auf die Wertschöpfung haben können. Nur ein Unternehmen sieht die Wertschöpfung der Branche primär von externen Faktoren abhängig.

6.2 Ergebnisse der Institutionenbefragung

Die Befragung von sieben Institutionen, die sich komplett oder teilweise mit dem Thema IT-Sicherheit beschäftigen, dient dazu herauszufinden, welche Rolle die einzelnen Institutionen im Netzwerk einnehmen und welche Unterstützungsleistungen sie den Unternehmen der IT-Sicherheitsbranche bieten.

Wie im vorherigen Kapitel bereits angesprochen, nahm die Institution eurobits nicht an der Befragung teil. Das Institut für Internetsicherheit if(is) aus Gelsenkirchen wurde nachträglich in die Untersuchung aufgenommen. Der Umfang der Untersuchung liegt daher bei sieben befragten Institutionen.

Weil an der Ruhr-Universität Bochum kein Gesprächspartner ermittelt werden konnte, der über die Gesamtheit aller Kontakte der Universität informiert ist, wurde dafür stellvertretend der Geschäftsführer des Instituts für Sicherheit im E-Business (ISEB) interviewt. Das ISEB beschäftigt sich schwerpunktmäßig mit wirtschaftlichen Fragestellungen von IT-Sicherheit, daher ist es sehr wahrscheinlich, dass diese Institution zusammen mit dem HGI zu der häufigsten Anlaufstelle für IT-Sicherheitsunternehmen zählt, die Kontakt zur Ruhr-Universität suchen.

Da die Institutionen fast alle Fragen vollständig beantwortet haben, gilt für die nachfolgenden Abbildungen immer N=7. Bei Abweichung wird gesondert darauf hingewiesen.

Frage 1: Wann wurde Ihre Institution gegründet?

Mit Ausnahme der IHK und Wirtschaftsförderung Bochum, die schon sehr lange am Standort aktiv sind, wurden alle befragten Institutionen nach der Jahrtausendwende gegründet. Anhand von Abbildung 6.30 werden Parallelen zur in diesem Zeitraum ebenfalls stark ansteigenden Zahl an Unternehmensgründungen erkennbar. Hier liegt die Vermutung nah, dass das mit der zunehmenden Zahl an Institutionen ebenfalls wachsende Angebot an Unterstützungsleistungen für die IT-Sicherheitsbranche einen positiven Effekt auf die Unternehmensgründungen und -ansiedlungen hatte.

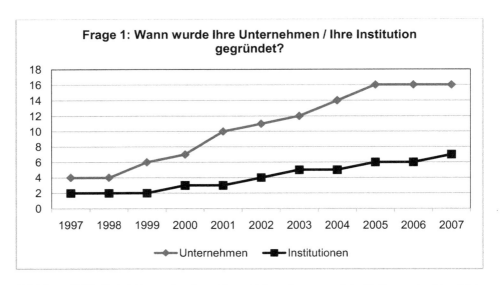

Abbildung 6.30: Entwicklung der Anzahl an Unternehmen und Institutionen im Vergleich (Quelle: Eigene Erhebung 2008).

Frage 2: Wie viele Mitarbeiter beschäftigen sich in Ihrer Institution derzeit mit dem Thema IT-Sicherheit?

Zum Zeitpunkt der Untersuchung waren in den befragten Institutionen insgesamt 91 Mitarbeiter beschäftigt, die sich hauptsächlich mit dem Thema IT-Sicherheit befassen. Der größte Anteil entfällt dabei auf die beiden großen Forschungseinrichtungen HGI und if(is) mit 50 respektive 30 Mitarbeitern. Bei den Institutionen, die keine eigene Forschung betreiben, beschäftigen sich jeweils ein bis zwei Mitarbeiter mit dem Themenfeld IT-Sicherheit.

Frage 3: Was sind die Arbeitsschwerpunkte Ihrer Institution?

Mit Ausnahme der Wirtschaftsförderung Bochum und des if(is) wurden alle befragten Institutionen samt ihrer Arbeitsschwerpunkte unter 4.3 bereits vorgestellt. Daher sollen an dieser Stelle nur die Aufgabenfelder der beiden erstgenannten Einrichtungen kurz umrissen werden.

Die Wirtschaftsförderung Bochum ist als Amt organisiert und somit Teil der kommunalen Verwaltung. Die Aufgabenschwerpunkte liegen dabei nach Angaben im Interview im Bereich der operativen Wirtschaftsförderung und beinhalten die Betreuung der ortsansässigen Unternehmen, Ansiedlung neuer Unternehmen, Standortmarketing, Branchenentwicklung und Gewerbeflächenentwicklung. Große Teile der strategischen Wirtschaftsförderung wurden an Bochum2015 übertragen. Mit Ausnahme der Medizinbranche ist Bochum2015 für alle Unternehmen aus den definierten Fokusbranchen, zu denen auch IT-Sicherheit gehört, erster Ansprechpartner. Sofern der Bedarf besteht, werden aber auch Unternehmen aus den Fokusbranchen im gewohnten Umfang durch die Wirtschaftsförderung betreut.

Das Institut für Internetsicherheit ist Teil der Fachhochschule Gelsenkirchen. Zu den Arbeitsschwerpunkten dieser Einrichtung zählen Internet-Frühwarnsysteme zur rechtzeitigen Identifikation und Abwehr von Angriffen über das Internet, die Gewährleistung der Vertraulichkeit von elektronisch verarbeiteten Daten unter dem Stichwort „Trusted Computing" sowie der Schutz vor unerwünschten E-Mails (spam). Zudem bietet das if(is) zahlreiche Dienstleistungen wie zum Beispiel Beratung, Workshops, Forschungs- und Entwicklungskooperationen, Durchführung von Studien oder Penetrationstests an und entwickelt im Auftrag der Landesinitiative secure-it.nrw das Branchenbuch IT-Sicherheit (BITS), ein deutschlandweites Onlineverzeichnis für IT-Sicherheitsunternehmen.

Frage 4: Wie finanziert sich Ihre Institution?

Für die vierte Frage war ursprünglich eine genaue Aufschlüsselung der verschiedenen Einnahmequellen der Einrichtungen nach Anteilen am Gesamtbudget vorgesehen. Drei der sieben Gesprächspartner konnten allerdings nur zur Herkunft, nicht aber zur Menge der eingesetzten Finanzmittel Auskunft geben. Aus diesem Grund wird für die Darstellung der Ergebnisse in Abbildung 6.31 ebenfalls auf eine gesonderte Aufschlüsselung verzichtet.

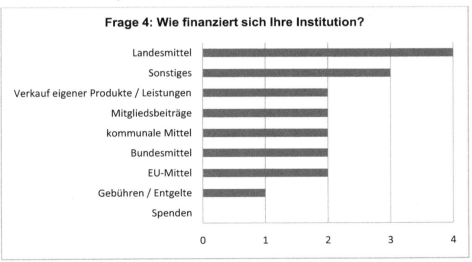

Abbildung 6.31: Herkunft der Finanzmittel der Institutionen (Quelle: Eigene Erhebung 2008).

Die Abbildung zeigt, dass das Land NRW an der Finanzierung von vier der sieben Institutionen beteiligt ist. Die restlichen Finanzierungsquellen werden in jeweils zwei Institutionen eingesetzt. Ausnahmen bilden hier die Spendenmittel, die in keiner der befragten Institution Verwendung finden, die Gebühren und Entgelte mit nur einer Nennung und der Punkt „Sonstiges", unter dem die Einzelnennungen Industrieaufträge, Stiftungsmittel und Forschungsentgelte subsumiert sind.

Frage 5: Sind Sie Teil eines oder mehrerer Netzwerke?

Alle der sieben befragten Institutionen sind entweder Teil eines oder mehrerer Netzwerke oder wie im Falle des ruhr networker als selbstständiges Netzwerk tätig.

Wie bei den Unternehmen (vgl. Abbildung 6.23) wurde auch von den Institutionen der networker am häufigsten genannt. Drei der Institutionen sind hier Mitglied oder gar im Vorstand des Regionalforum networker.ruhr-mitte. Beispiele für weitere Netzwerke mit Beteiligung der befragten Institutionen sind die Arbeitsgruppe Identitätsschutz im Internet e. V. (a-i3), der Verein zur Förderung der Vertrauenswürdigkeit von Informations- und Kommunikationstechnik TeleTrusT Deutschland e. V. und die Landesinitiative secure-it.nrw.

Frage 6: In welcher Form unterstützen Sie Unternehmen speziell der IT-Sicherheitsbranche in Bochum und Umgebung?

Zur Beantwortung der sechsten Frage wurde den Gesprächspartnern eine Liste von unterschiedlichen Serviceleistungen vorgelegt. Tabelle 6.1 zeigt eine Übersicht der meistgenannten Leistungen.

Hier wird deutlich, dass Firmen aus Bochum und Umgebung auf ein sehr breites Spektrum an Unterstützungsleistungen zurückgreifen können. So gut wie alle Formen der Unterstützung werden gleich von mehreren Institutionen angeboten. Einzig die direkte Vergabe von Fördermitteln wird nicht abgedeckt, dafür bieten allerdings gleich drei Einrichtungen Fördermittelberatung an.

Nach der Vermittlung von Kontakten, die von allen Institutionen angeboten wird, wurden fachliche Unterstützung und Beratung zu rechtlichen und/oder wirtschaftlichen Fragen mit jeweils fünf Nennungen am häufigsten genannt.

Tabelle 6.1: Übersicht über die von den Institutionen angebotenen Unterstützungsleistungen (Quelle: Eigene Erhebung 2008)

Art der Unterstützung	Nennungen
Vermittlung von Kontakten	7
Fachliche Unterstützung	5
Beratung zu rechtlichen und/oder wirtschaftlichen Fragen	5
Auftragsvergabe/Kooperation	4
Vermittlung von Praktikanten/sonstigen Arbeitskräften	4
Vermittlung von Kunden/Aufträgen	4
Initiierung gemeinsamer Forschungsprojekte	4
Weiterbildung von Mitarbeitern	3
Übergabe interner Forschungs- und Entwicklungsergebnisse	3
Angebot von Lehrveranstaltungen	3
Fördermittelberatung	3
Vermarktung	3
andere Formen der Unterstützung	3
Abnahme von Produkten/Dienstleistungen	2
Bereitstellung von Geräten und/oder Räumen zu günstigen	2
Übergabe von Patenten/Lizenzen	1
direkte Vergabe von Fördermitteln	0

Frage 7: Wie fördern Sie den Austausch von Informationen zwischen den Unternehmen?

Frage sieben soll Aufschluss darüber geben, mit welchen Instrumenten die Institutionen den Informationsaustausch zwischen den Unternehmen fördern. Die Antwortmöglichkeiten waren erneut vorgegeben, Instrumente, die in der Auflistung nicht enthalten waren, konnten unter dem Punkt „Sonstiges" ergänzt werden. Wie aus Abbildung 6.32 ersichtlich, ist die Vermittlung von Kontakten das Standardinstrument, das alle Institutionen verwenden, um den Informationsaustausch der Unternehmen untereinander zu fördern. An zweiter Stelle liegt mit fünf Nennungen die Organisation von Messen. Die am häufigsten genannte Messe[4] ist die IT-Trends Sicherheit, an deren Organisation vier der sieben befragten Organisationen beteiligt sind. Das HGI bietet mit der Firmenkontaktbörse ebenfalls eine Messe an, die aber

---

[4] Die offizielle Bezeichnung der IT-Trends Sicherheit lautet „Fachkongress mit Begleitausstellung", in den Interviews führten allerdings alle Gesprächspartner diese Veranstaltung unter „Messen" auf.

mit Studenten und Absolventen auf Jobsuche sowie Unternehmen auf Mitarbeitersuche andere Zielgruppen hat.

Vier Institutionen setzen „runde Tische" ein, um den Unternehmern eine Möglichkeit zu bieten, untereinander ins Gespräch zu kommen. Ebenfalls vier Einrichtungen bieten Vortragsreihen an. Diese sind beim HGI das HGI-Seminar, bei der IHK das Mittelstandsforum und beim ISEB die XChange-Seminarreihe. Mitarbeiter des if(is) halten zwar ebenfalls regelmäßig Vorträge, diese Veranstaltungen tragen aber keinen übergeordneten Namen. Weiterbildungen werden von drei Institutionen angeboten. Das HGI bietet drei Masterstudiengänge an, die IHK verfügt über ein eigenes Weiterbildungszentrum mit zahlreichen Angeboten und der networker plant in Kürze den Start eines „Jobstarter" genannten Weiterbildungsangebotes für Berufseinsteiger und Existenzgründer.

Unter dem Punkt „Sonstiges" gaben if(is) und ISEB an, in regelmäßigen Abständen Workshops für Unternehmer durchzuführen.

Abbildung 6.32: Instrumente, mit denen die Institution den Austausch von Informationen zwischen den Unternehmen fördert (Quelle: Eigene Erhebung 2008).

Frage 8: In welcher Form fördern Sie den Wissenstransfer/-austausch zwischen Wissenschaft und Unternehmen?

Bei der Förderung des Austausches zwischen Wissenschaft und Unternehmen verfolgen die Institutionen unterschiedliche Ansätze. Dabei spielt die Vermittlung von Kontakten erneut eine große Rolle. Die in Frage sieben genannten Vortragsreihen werden ebenfalls für den Transfer von Wissen aus der Forschung in die Unternehmen genutzt. Darüberhinaus beteiligen sich einige Organisationen an it|shelter, bieten Forschungskooperationen an, veranstalten Konferenzen oder arbeiten an der Einrichtung einer Abschlussarbeitenbörse.

Die Wirtschaftsförderung Bochum beteiligt sich als einzige Institution nicht an der Förderung des Wissenstransfers im Bereich IT-Sicherheit, da diese Aufgabe vollständig von Bochum2015 übernommen wird.

Frage 9: Wie stark werden Ihre Serviceleistungen von den Unternehmen der IT-Sicherheitsbranche nachgefragt?

Wie Tabelle 6.1 gezeigt hat, können die Unternehmen eine Vielzahl ähnlicher Unterstützungsleistungen von mehreren verschiedenen Institutionen beziehen. In diesem Zusammenhang stellt sich zum einen die Frage, ob diese Leistungen bei den verschiedenen Institutionen unterschiedlich häufig nachgefragt werden, und zum anderen, wie stark diese Nachfrage überhaupt ist.

Abbildung 6.33 zeigt, dass sich die Institutionen bezüglich der an sie gerichteten Nachfrage kaum unterscheiden. Fünf von sieben Interviewpartnern gaben an, dass ihre Serviceleistungen stark nachgefragt werden, nur eine Institution gibt eine mäßige Nachfrage an, ebenfalls eine Institution wollte sich zu dieser Frage nicht äußern.

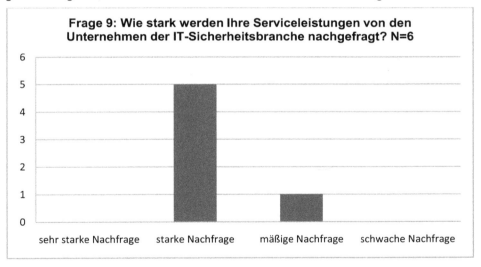

Abbildung 6.33: Stärke der an die Institutionen gerichteten Nachfrage (Quelle: Eigene Erhebung 2008).

Frage 10: Kommunikationsnetzwerk

Frage zehn war identisch mit Frage 19 des Unternehmensfragebogens. Hier sollten die Institutionen aus einer vorgegebenen Liste von Bochumer Akteuren ihre Kommunikationspartner wählen und in einem zweiten Teil wichtige Partner ergänzen, die nicht in der Liste aufgeführt waren.

Der erste Teil der Frage wird zusammen mit den Ergebnissen der Unternehmensbefragung im nächsten Abschnitt mit der Methode der Netzwerkanalyse untersucht. Der zweite Teil liefert einen Überblick über wichtige Kommunikationspartner der befragten Institutionen, die nicht zwingend in Bochum ansässig sein müssen. Die so ermittelten Akteure lassen sich in folgende Gruppen unterteilen:

1. Hochschulen und Forschungseinrichtungen: TU Darmstadt, Fraunhofer-Institut für Sichere Informationstechnologie (SIT) Darmstadt, Universität Duisburg-Essen, Technische Universität Dortmund;

2. Verbände, Initiativen und Vereine: BITKOM, Gesellschaft für Informatik, Verein deutscher Ingenieure, eco e. V., Institute of Electrical and Electronics Engineers, Landesinitiative secure-it.nrw, TeleTrust e. V.;

3. Regierungseinrichtungen: Bundesamt für Sicherheit in der Informationstechnik (BSI), Staatskanzlei NRW, Bundeswirtschaftsministerium, Innenministerium NRW;

4. Unternehmen: Avaya, Secunet, Deutsche Telekom, Alcatel, T&A Systems, ISAP AG, Cosinex.

Frage 11: Wie wird sich die IT-Sicherheitsbranche wird in den nächsten zwei Jahren entwickeln?

Der letzte Teil der Institutionenbefragung beschäftigt sich wie schon bei den Unternehmen mit der zukünftigen Entwicklung der IT-Sicherheitsbranche. Im Vergleich zu den Unternehmen (vgl. Abbildung 6.26) schätzen die Institutionen die Entwicklung der Branche noch etwas positiver ein. Sechs der sieben Institutionen rechnen mit einem Wachstum auf allen Maßstabsebenen, nur eine Einrichtung rechnet mit einer Stagnation in Deutschland und in Bochum, sieht dafür aber für das Ruhrgebiet und weltweit ein Wachstum voraus (vgl. Abbildung 6.34).

Abbildung 6.34: Wie die Institutionen das Wachstum der Branche einschätzen (Quelle: Eigene Erhebung 2008).

Frage 12: Wir sich das Ruhrgebiet zukünftig zu Europas führendem Standort für IT-Sicherheit entwickeln?

Gegenüber dieser Aussage sind die Institutionen ähnlich skeptisch eingestellt wie die Unternehmen. Vier Einrichtungen teilen diese Aussage nur mit Einschränkungen, zwei stimmen ihr voll und ganz und eine überhaupt nicht zu (vgl. Abbildung 6.35).

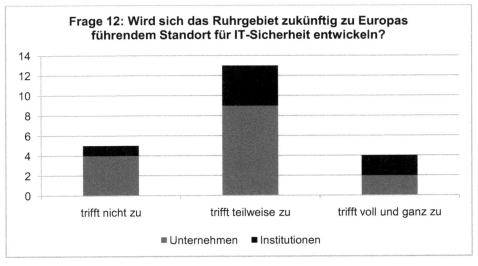

Abbildung 6.35: Einschätzungen der Institutionen und Unternehmen zur Entwicklung des Ruhrgebiets als IT-Sicherheitsstandort (Quelle: Eigene Erhebung 2008).

Frage 13: Was kann Ihrer Meinung nach zu einer Steigerung der Wertschöpfung in der IT-Sicherheitsbranche in Bochum führen?

Während die Unternehmen bei dieser Frage stark in Richtung Kooperation tendieren, sind sich die Institutionen hier weniger einig. Wie Abbildung 6.36 zeigt, ist zwar auch hier mit drei Nennungen die Mehrheit der Meinung, dass mehr Kooperation zu mehr Wertschöpfung führen kann, allerdings sehen auch zwei Konkurrenz und Kooperation als gleichbedeutend an. Jeweils eine Institution hält die Konkurrenz und eine keines von beidem für ausschlaggebend.

Abbildung 6.36: Was führt nach Meinung der Institutionen zu einer Steigerung der Wertschöpfung in der IT-Sicherheitsbranche in Bochum (Quelle: Eigene Erhebung 2008).

6.3 Ergebnisse der Netzwerkanalyse

In diesem Abschnitt werden die Ergebnisse der Auswertung der Netzwerkfragen (Fragen 19 und 20 im Unternehmensfragebogen und Frage 10 im Institutionenfragebogen) behandelt.

Zur Berechnung der verschiedenen Zentralitätskennziffern und der Transformation der Datenmatrizen wurde die Software UCINET 6 eingesetzt. Die Visualisierung der Netzwerkdaten erfolgte mit der Software visone.

Da die meisten Unternehmen die Angaben zu ihren Transaktions- und Kommunikationskontakten als vertraulich einstufen, wurde von vornherein vereinbart, die Daten in dieser Untersuchung zu anonymisieren. Im Folgenden werden Unternehmen daher stets mit einem „U" und Institutionen mit einem „I" gekennzeichnet.

Bevor mit der endgültigen Auswertung der Netzwerkdaten begonnen werden konnte, musste noch die Frage geklärt werden, wie mit den fehlenden Daten der drei Unternehmen und der einen Institution, die nicht an der Befragung teilgenommen hat, umgegangen werden sollte.

Hier boten sich zwei Optionen an: Die erste Möglichkeit bestand darin, diese Akteure aus dem Netzwerk zu entfernen. Dies hätte allerdings zu einer leichten Verzerrung der Ergebnisse geführt, da die Akteure, die an der Befragung teilgenommen haben, bereits angegeben haben, ob sie mit den zu löschenden Akteuren Kontakt haben oder nicht. Ein nachträgliches Löschen hätte diese Daten also ebenfalls entfernt und zudem die Branche kleiner erscheinen lassen als sie ist.

Die zweite Möglichkeit bestand darin, die Akteure, von denen keine Daten vorliegen, im Netzwerk zu belassen. Dies führt ebenfalls zu einer leichten Verzerrung des Netzwerkes, da von den nicht befragten Akteuren keine ausgehenden Kontaktdaten vorliegen. Bei Geschäfts- und Kommunikationsbeziehungen ist allerdings davon auszugehen, dass diese immer symmetrisch sind. Dies bietet die Möglichkeit, einen Großteil der fehlenden Daten zu rekonstruieren, indem man die unbekannten ausgehenden Kontakte der nicht befragten Akteure mit den bekannten eingehenden Kontakten gleichsetzt. Weil die Berechnung einiger Netzwerkkennzahlen generell nur auf Basis von symmetrischen Beziehungen möglich ist, wurde dieser Option der Vorzug gegeben. Auf diese Weise sind im Gesamtnetzwerk nur jene Kontakte nicht abgebildet, die die nicht befragten Akteure untereinander haben.

6.3.1 Auswertung des Transaktionsnetzwerkes

In die Analyse des Transaktionsnetzwerkes wurden nur Unternehmen miteinbezogen, da die Institutionen in der Regel zum Großteil durch öffentliche Mittel finanziert werden und nicht unternehmerisch am Markt tätig sind.

Der ursprüngliche Untersuchungsansatz sah vor, im Transaktionsnetzwerk zwischen Kunden- und Lieferantenbeziehungen zu differenzieren. Im Laufe der Untersuchung stellte sich allerdings heraus, dass zwischen den befragten Unternehmen keine umfangreichen Transaktionsbeziehungen bestehen, so dass die beiden Netzwerke sehr klein ausfielen.

Das in Abbildung 6.37 dargestellte Kundennetzwerk ist nur recht rudimentär ausgeprägt. Insgesamt gibt es nur sechs Relationen und neun Akteure sind völlig isoliert. Von den restlichen Akteuren besitzt keiner eine nennenswerte Zentralität, Dichte und Kohäsion des Gesamtnetzwerkes sind sehr gering.

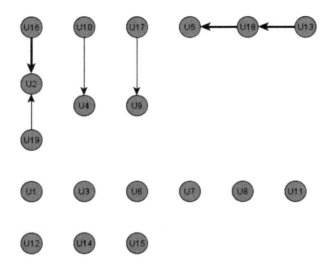

Abbildung 6.37: Transaktionsnetzwerk nach Kundenbeziehungen (Quelle: Eigene Erhebung 2008).

Das Lieferantennetzwerk ist demgegenüber etwas stärker verbunden und weist mit Unternehmen vier, auf den ersten Blick auch einen sehr zentralen Akteur auf. Trotzdem gibt es auch hier noch sechs isolierte Unternehmen (vgl. Abbildung 6.38).

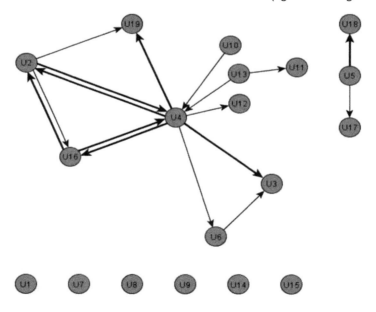

Abbildung 6.38: Transaktionsnetzwerk nach Lieferantenbeziehungen (Quelle: Eigene Erhebung 2008).

Um den Informationsgehalt der Daten zu steigern, wurden die beiden Einzelnetzwerke nachträglich zusammengelegt. Dazu wurden die beiden Matrizen addiert und symmetrisiert. Das Symmetrisieren war notwendig, da manche der befragten Akteure Kontakte nannten, die von der anderen Seite nicht erwidert wurden. Dieser Effekt ist darauf zurückzuführen, dass die untersuchten Unternehmen und Institutionen zum Teil sehr viele Mitarbeiter beschäftigen, über die ebenfalls Kontakte laufen können. Je größer eine Organisation ist, desto schwieriger ist es für eine Person, den vollständigen Überblick über alle Außenkontakte zu behalten. Aufgrund der Möglichkeit der unvollständigen Information wurde beim Symmetrisieren die Maximalmethode verwendet. Dies bedeutet, wenn Unternehmen A angibt, dass ein Kontakt zu Unternehmen B besteht, Unternehmen B aber keinen Kontakt zu Unternehmen A angeben hat, trotzdem auf eine symmetrische Beziehung zwischen beiden geschlossen wird.

Das durch die Verschmelzung von Kunden- und Lieferantennetzwerk entstandene Netzwerk zeigt an, welche Unternehmen untereinander im allgemeinen Geschäftskontakt stehen. Anhand von Abbildung 6.39 kann man in diesem Transaktionsnetzwerk zwei Grundformen erkennen: Zum einen ein sternförmiges Gebilde mit mehreren Cliquen-Strukturen im Umfeld von Unternehmen 4 und zum anderen eine Kette, die von Unternehmen 4 bis Unternehmen 9 verläuft. Ebenfalls auffällig ist, dass selbst nach der Verschmelzung immer noch fünf Unternehmen unverbunden bleiben. Die Intensität der Relationen wird durch die Stärke der Verbindungslinien dargestellt. Hier fällt vor allem der häufige Kontakt zwischen Unternehmen 2 und 16 auf.

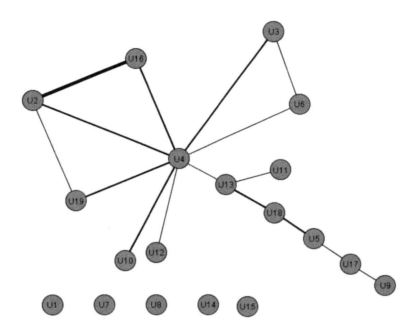

Abbildung 6.39: Das vereinte Transaktionsnetzwerk (Quelle: Eigene Erhebung 2008).

Abbildung 6.40 zeigt die gewichtete Degree-Zentralität aller Akteure an. Da es sich um ein symmetrisches Netzwerk handelt, kann hier nicht weiter nach Indegree und Outdegree unterschieden werden.

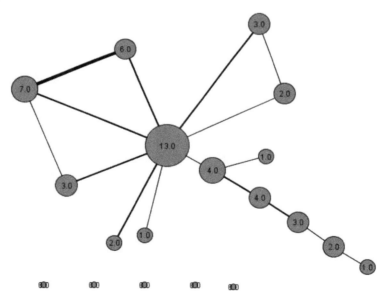

Abbildung 6.40: Transaktionsnetzwerk - gewichtete Degree-Zentralität (Quelle: Eigene Erhebung 2008).

Anhand der gewichteten Degree-Zentralität erkennt man ein deutliches Zentralitäts-
gefälle. Unternehmen 4 hat mit einem Wert von 13 wesentlich mehr und im Durchschnitt stärkere Transaktionsbeziehungen als die anderen Unternehmen im Netzwerk. An zweiter und dritter Stelle folgen die Unternehmen 2 und 16, mit einer gewichteten Degree-Zentralität von sieben bzw. sechs. Beide Unternehmen verfügen
mit drei bzw. zwei direkten Beziehungen zwar nicht über signifikant mehr Kontakte
als andere Unternehmen, profitieren hier aber von ihrem intensiven Kontakt zueinander.

Für die Berechnung der auf Pfaddistanzen basierenden Zentralitätsmaße Betweenness und Closeness wurden die isolierten Akteure U1, U7, U8, U14 und U15 aus
dem Netzwerk entfernt und die Matrix dichotomisiert.
Abbildung 6.41 zeigt die standardisierten Betweenness-Werte aller nicht isolierten
Akteure.

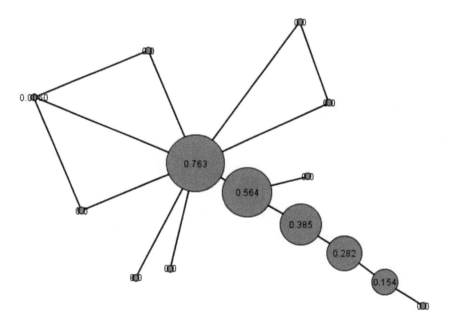

Abbildung 6.41: Transaktionsnetzwerk – standardisierte Betweenness-Zentralität (Quelle:
Eigene Erhebung 2008).

Unternehmen 4 erreicht mit einer Betweenness von 0,763 einen sehr hohen Wert,
der auf die Funktion des Unternehmens als Cutpoint zurückzuführen ist. Ohne U4
würde das Netzwerk in drei Teile zerfallen und zwei weitere Akteure wären unverbunden.

Gut erkennbar ist auch die von innen nach außen abnehmende Betweenness-Zentralität der Unternehmen in der Kette von U13 bis U9. Über die Akteure in der Mitte des Netzwerkes laufen alle Verbindungen der außen liegenden Akteure, daher sind sie zentraler.

Betrachtet man die standardisierte Closeness-Zentralität, so fällt auf, dass sich die Unternehmen hinsichtlich dieses Kriteriums nicht sonderlich stark unterscheiden (vgl. Abbildung 6.42). Die höchste Closeness-Zentralität erreicht Unternehmen 4 mit einem Wert von 0,542 und Unternehmen 13 mit einem Wert von 0,5. Sieben Unternehmen liegen mit Closeness-Werten zwischen 0,361 und 0,382 recht nahe beieinander. Dies liegt daran, dass sich die Unternehmen 2, 3, 4, 6, 10, 12, 13, 16 und 19 alle in maximal zwei Schritten erreichen können. Sie bilden damit gleichzeitig auch einen recht großen 2-Clan. Unternehmen 18 besitzt ebenfalls eine besondere Position, es ist das einzige Unternehmen, das alle anderen Akteure im Netzwerk in maximal drei Schritten erreichen kann, was sich auch an dem überdurchschnittlich hohen Closeness-Wert von 0,406 zeigt.

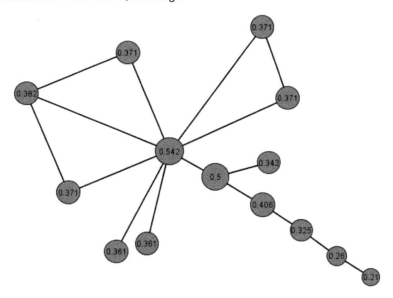

Abbildung 6.42: Transaktionsnetzwerk – standardisierte Closeness-Zentralität (Quelle: Eigene Erhebung 2008).

Die folgende Tabelle fasst alle berechneten Zentralitätswerte nochmals zusammen.

Tabelle 6.2: Übersicht über die berechneten Zentralitätsmaße aller nicht isolierten Akteure im Transaktionsnetzwerk (Quelle: Eigene Erhebung 2008).

id	Degree (gewichtet)	Degree (ungewichtet)	Degree (standardisiert)	Betweenness (standardisiert)	Closeness (standardisiert)
U4	13	8	0,444	0,763	0,542
U2	7	3	0,167	0,006	0,382
U16	6	2	0,111	0	0,371
U13	4	3	0,167	0,564	0,5
U18	4	2	0,111	0,385	0,406
U19	3	2	0,111	0	0,371
U3	3	2	0,111	0	0,371
U5	3	2	0,111	0,282	0,325
U10	2	1	0,056	0	0,361
U17	2	2	0,111	0,154	0,26
U6	2	2	0,111	0	0,371
U11	1	1	0,056	0	0,342
U12	1	1	0,056	0	0,361
U9	1	1	0,056	0	0,21

6.3.2 Auswertung des Kommunikationsnetzwerkes

Das Kommunikationsnetzwerk umfasst alle 27 ursprünglich für die Befragung vorgesehenen Akteure. Unter Kommunikation wird im Kontext der Fragestellung ein Informationsaustausch oder eine Beratung mit anderen Unternehmen oder Institutionen verstanden. Anhand einer Liste konnten die befragten Akteure angeben, zu welchen anderen Unternehmen und Institutionen im Netzwerk sie Kontakt haben. Die Intensität des Kontaktes wurde anhand der Häufigkeit des Informationsaustausches oder der Beratung mit dem jeweiligen Partner gemessen. Zur Bewertung wurde eine vierstufige Skala vorgelegt. Die erste Stufe bedeutet, dass die genannte Institution oder das genannte Unternehmen nicht bekannt ist. Dies wurde in der zugehörigen Kommunikationsmatrix mit einer 0 codiert. Die zweite Stufe bedeutet, dass der andere Akteur dem Befragten zwar bekannt ist, aber bisher noch kein Kontakt zwecks Informationsaustausch oder Beratung geknüpft wurde. Dies wurde in der Matrix mit einer 1 codiert. Auch wenn es sich hierbei um keine Kommunikationsbeziehung im engeren Sinne handelt, so hat die Information über andere Akteure in der Branche auch einen Wert, da es leichter ist, zu bereits bekannten Akteuren

Kontakte zu knüpfen. Umgekehrt vergrößert ein hoher Bekanntheitswert bei anderen Unternehmen die Chance, neue Kommunikations- und Geschäftsbeziehungen aufzubauen. Die letzten beiden Stufen stehen jeweils für seltenen bzw. regelmäßigen oder häufigen Kontakt und wurden mit einer 2 bzw. einer 3 in die Kommunikationsmatrix eingetragen.

Abbildung 6.43 zeigt das gesamte Kommunikationsnetzwerk in einer gerichteten und gewichteten Darstellung. Die Stärke der Pfeile gibt deren Intensität an.

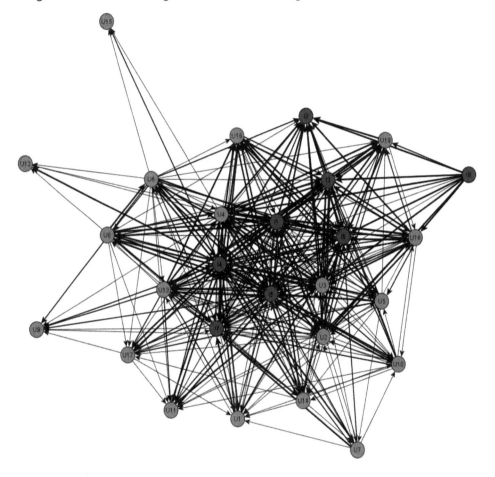

Abbildung 6.43: Kommunikationsnetzwerk – gerichteter und gewichteter Graph (Quelle: Eigene Erhebung 2008).

Zur besseren Unterscheidung sind die Institutionen violett und Unternehmen blau dargestellt. Es sind alle Intensitäten ab der Stärke 1 aufgenommen, das Netzwerk kann daher als „Wer kennt oder hat Kontakt zu wem?"-Netzwerk umschrieben werden.

Auf den ersten Blick fällt auf, dass das Kommunikationsnetzwerk sehr viel dichter ist als das Transaktionsnetzwerk. Zudem gibt es keine isolierten Akteure mehr. Durch eine rein optische Auswertung lässt sich kein einzelner besonders zentraler Akteur identifizieren, vielmehr scheint es in diesem Netzwerk gleich mehrere Institutionen und Unternehmen mit hohen Zentralitätswerten zu geben.

Bei der Untersuchung der Degree-Zentralitäten kann aufgrund der gerichteten Daten zwischen Indegree (eingehende Verbindungen) und Outdegree (ausgehende Verbindungen) differenziert werden. Obwohl auch bei Kommunikationsbeziehungen davon auszugehen ist, dass diese symmetrisch sind, macht eine solche Unterscheidung an dieser Stelle Sinn, da die Möglichkeit bestand anzugeben, dass man einen Akteur kennt, aber keinen Kontakt zu ihm hat. Aus diesem Grund kann zum Beispiel eine große Institution sehr vielen Unternehmen bekannt sein, umgekehrt muss die Institution aber nicht alle Unternehmen kennen. Ihr Indegree wäre dadurch höher als der Outdegree.

Eine Analyse der gewichteten und standardisierten Outdegrees zeigt, dass viele Akteure über hohe Outdegrees verfügen (vgl. Abbildung 6.44). Hier sticht vor allem Institution Nummer 4 mit einem extrem hohen Wert von 0,885 hervor. Den zweit- und dritthöchsten Outdegree haben Institution 5 mit 0,654 und Unternehmen 4 mit 0,628. Beide Werte liegen sehr nah beieinander und sind ebenfalls als sehr hoch einzustufen. Vergleicht man die Unternehmen mit den Institutionen, zeigt sich, dass die Institutionen im Durchschnitt die höheren Outdegrees haben. Alle sieben Institutionen, die an der Befragung teilgenommen haben, zählen zu den zwölf Akteuren mit den höchsten Outdegrees. Dieses Ergebnis war zu erwarten, da alle Institutionen viel Wert auf die Vermittlung von Kontakten legen. Um diese Aufgabe gut erfüllen zu können, ist eine Vielzahl an Außenbeziehungen notwendig.
Den niedrigsten Wert aller befragten Akteure hat Unternehmen 11 mit 0,103. Der Mittelwert liegt bei 0,391.

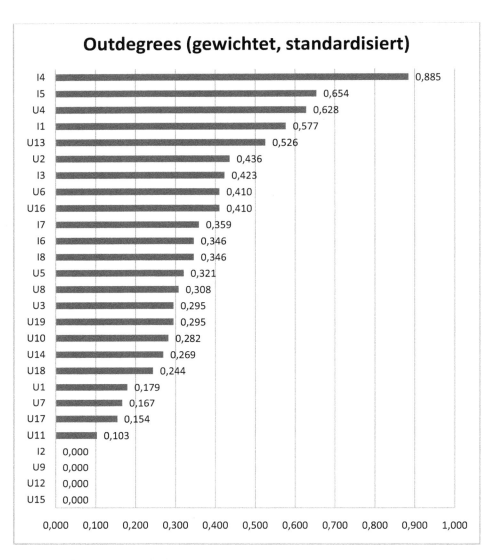

Abbildung 6.44: Kommunikationsnetzwerk – gewichtete und standardisierte Outdegrees (Quelle: Eigene Erhebung 2008).

Auf der Seite der Indegrees finden sich ebenfalls viele Akteure mit sehr hohen Werten (vgl. Abbildung 6.45). Den ersten Platz belegt erneut Institution Nummer 4 mit einem Wert von 0,718. Auf Rang zwei liegt Institution 6 mit einem Indegree von 0,667 und auf Rang drei Institution 5 mit 0,628. Auf den darauffolgenden Plätzen liegen die Akteure I1, U3, I3, U4, I2 und I7 mit Werten zwischen 0,551 und 0,513 sehr nahe beisammen. Diese Werte sind als hoch anzusehen. Unternehmen 15 hat mit 0,052 den niedrigsten Wert aller Akteure. Der Mittelwert liegt ebenfalls bei 0,391, da die Summe der Indegrees mit der Summe der Outdegrees identisch ist.

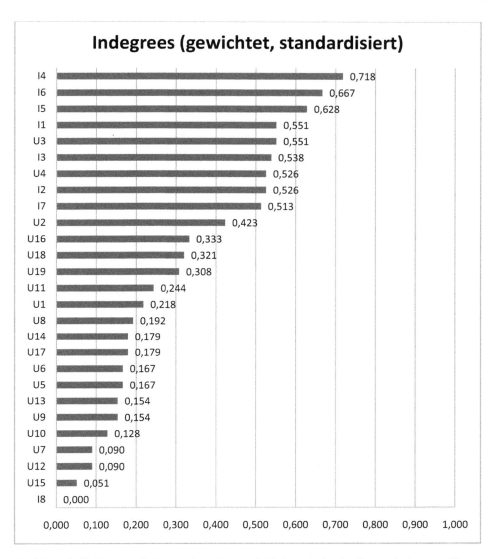

Abbildung 6.45: Kommunikationsnetzwerk – gewichtete und standardisierte Indegrees (Quelle: Eigene Erhebung 2008).

Die Institutionen schneiden im Vergleich zu den Unternehmen bei den Indegrees noch besser ab als bei den Outdegrees. Alle sieben Institutionen, von denen Werte ermittelt wurden, befinden sich auf den vorderen zehn Plätzen. Dieses Ergebnis bestätigt die Resultate von Frage 21 des Unternehmensfragebogens, in der die Unternehmen angaben, dass ihnen der Austausch mit Institutionen wichtiger sei als mit anderen Unternehmen, und von Frage 9 aus dem Institutionenfragebogen, in der die Institutionen angaben, dass ihre Leistungen auch stark nachgefragt werden. Institution 8 wurde erst in das Netzwerk aufgenommen, nachdem ein Großteil der Interviews bereits durchgeführt war, daher konnte hier kein Indegree ermittelt werden.

Für die Berechnung der Betweenness- und Closeness-Zentralitäten wurde die Matrix in zwei Schritten recodiert. Zunächst wurde sie dichotomisiert, um die Intensitäten der Relationen herauszurechnen. Hier boten sich zwei alternative Vorgehensweisen an: Die erste Möglichkeit bestand darin, die Recodierung auf Basis des „Wer kennt wen?"-Netzwerkes durchzuführen. Hier werden alle Kontakte mit einer Intensität größer 1 als gleichberechtigt angesehen, also die reine Bekanntschaft mit einem Akteur mit einer Kommunikationsbeziehung gleichgesetzt. Diese Recodierung nehmen die UCINET-Routinen zur Berechnung der Betweenness- und Closeness-Zentralitäten standardmäßig vor. Für das hier gewählte Beispiel wurden als zweite Möglichkeit allerdings nur „echte" Kommunikationsbeziehungen mit einer Intensität von 2 oder 3 in die Berechnung der Zentralitäten einbezogen. Daher war es nötig, die Matrix vor der Zentralitätsberechnung manuell zu dichotomisieren, indem den Intensitäten, die kleiner als 2 waren, der Wert 0 und denen größer oder gleich 2 der Wert 1 zugewiesen wurde.
Im zweiten Schritt wurde die Matrix dann wie zuvor schon beim Transaktionsnetzwerk symmetrisiert.

Das auf diese Weise entstandene Netzwerk ist in Abbildung 6.46 dargestellt.

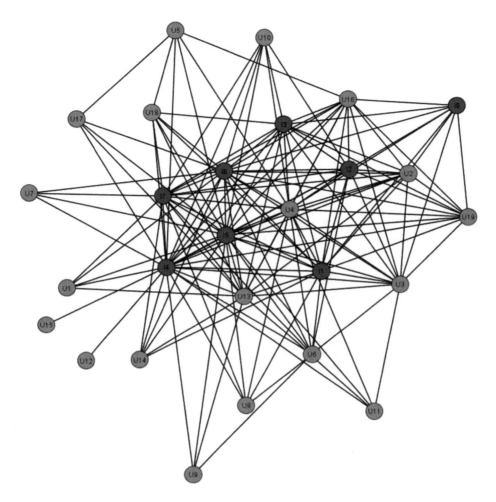

Abbildung 6.46: Kommunikationsnetzwerk – binär und symmetrisch (Quelle: Eigene Erhebung 2008).

Im Gegensatz zu den teilweise sehr hohen Degree-Zentralitäten ergibt eine Berechnung der standardisierten Betweenness-Zentralitäten für alle Akteure absolut betrachtet extrem niedrige Werte (vgl. Abbildung 6.47). Der Mittelwert liegt bei nur 0.024. Einzig Institution 4 kann hier mit 0,26 eine - in Relation zu den anderen Akteuren - nennenswerte Betweenness vorweisen, da dieser Akteur für die Unternehmen 12 und 15 die einzige Verbindung zum Netzwerk darstellt.

Die sehr niedrigen Betweenness-Werte erklären sich durch die sehr hohen Degrees mehrerer Akteure, denn hierdurch existieren zwischen zwei Akteuren meist mehrere alternative geodätische Pfade. Insofern besitzt praktisch kein Akteur exklusive Kontakte, mit denen er Maklerprofite erzielen könnte. Für ein Netzwerk, das auf schnelle

Diffusion von Informationen über unterschiedliche Kanäle ausgerichtet ist, ist das eine optimale Situation. Allerdings können durch die gleichzeitige Verbreitung von Informationen über verschiedene Kanäle auch Redundanzen entstehen, welche zu Lasten der Effizienz des Netzwerkes gehen können.

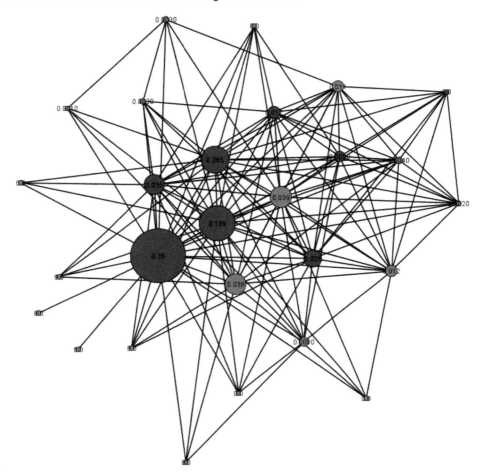

Abbildung 6.47: Kommunikationsnetzwerk – standardisierte Betweenness (Quelle: Eigene Erhebung 2008).

Betrachtet man die Closeness-Zentralitäten, fallen diese Werte wiederum sehr hoch aus, was sich unter anderem an einem Mittelwert von 0,646 zeigt (vgl. Abbildung 6.48). Die maximale Closeness erreicht erneut Institution 4 mit dem Wert 0,963. Die niedrigste Closeness im Netzwerk haben die Unternehmen 12 und 15 mit 0,5, absolut betrachtet ist aber selbst dieser Wert noch sehr hoch.

Die hohen Closeness-Werte entstehen durch denselben Effekt wie die niedrigen Betweenness-Werte. Viele Akteure mit hohen Degrees führen zu einem sehr dichten Netzwerk, in dem sich alle Akteure sehr schnell erreichen können. Ein Blick auf die Pfaddistanzmatrix zeigt, dass 42 % aller geodätischen Pfade die Länge 1 und 57 % die Länge 2 besitzen. Nur 1 % aller kürzesten Pfade hat eine Länge von 3. Die durchschnittliche Pfadlänge beträgt nur 1,59. Vor allem die gut vernetzten Institutionen kürzen die Pfade zwischen den Unternehmen sehr stark ab, so dass sich fast alle Akteure in nur zwei Schritten erreichen können, ohne dabei stets auf dieselben Vermittler angewiesen zu sein.

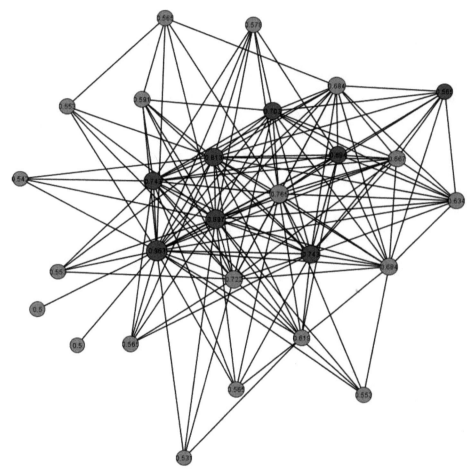

Abbildung 6.48: Kommunikationsnetzwerk – standardisierte Closeness (Quelle: Eigene Erhebung 2008).

In Tabelle 6.3 sind die berechneten Zentralitätswerte aller Akteure zusammengefasst.

Tabelle 6.3: Übersicht über die berechneten Zentralitätsmaße aller Akteure im Kommunikationsnetzwerk (Quelle: Eigene Erhebung 2008).

id	Outdegree (gew.)*	Outdegree (std.)**	Indegree (gew.)	Indegree (std.)	Closeness (std.)	Betweenness (std.)
I4	69	0,885	56	0,718	0,963	0,26
I5	51	0,654	49	0,628	0,897	0,109
U4	49	0,628	41	0,526	0,765	0,039
I1	45	0,577	43	0,551	0,743	0,026
U13	41	0,526	12	0,154	0,722	0,038
U2	34	0,436	33	0,423	0,667	0,004
I3	33	0,423	42	0,538	0,703	0,012
U6	32	0,410	13	0,167	0,619	0,008
U16	32	0,410	26	0,333	0,684	0,011
I7	28	0,359	40	0,513	0,743	0,035
I8	27	0,346	0	0,000	0,531	0
I6	27	0,346	52	0,667	0,813	0,065
U5	25	0,321	13	0,167	0,565	0,003
U8	24	0,308	15	0,192	0,565	0
U19	23	0,295	24	0,308	0,634	0,002
U3	23	0,295	43	0,551	0,684	0,012
U10	22	0,282	10	0,128	0,578	0
U14	21	0,269	14	0,179	0,565	0
U18	19	0,244	25	0,321	0,591	0,003
U1	14	0,179	17	0,218	0,553	0
U7	13	0,167	7	0,090	0,542	0
U17	12	0,154	14	0,179	0,553	0,001
U11	8	0,103	19	0,244	0,553	0
U15	0	0,000	4	0,051	0,5	0
U12	0	0,000	7	0,090	0,5	0
U9	0	0,000	12	0,154	0,531	0
I2	0	0,000	41	0,526	0,684	0,009

* gewichtet

** standardisiert

6.3.3 Untersuchung auf kohäsive Subgruppen

Da 98 % aller geodätischen Pfade im Kommunikationsnetzwerk die maximale Länge 2 haben, benötigt es ein sehr restriktives Konzept, um überhaupt auf Subgruppen zu stoßen. Lockere Konzepte, wie die der n-cliquen und n-clans, die auf Pfadlängen größer 2 basieren, führen nicht zu sinnvoll interpretierbaren Ergebnissen. Die strengste Definition einer Subgruppe ist die der Clique, die voraussetzt, dass jedes ihrer Mitglieder zu allen anderen in direktem Kontakt steht. Die Menge der identifizierten Cliquen ist abhängig von der Mindestanzahl ihrer Mitglieder. Eine schrittweise Erhöhung der Mindestanzahl an Mitgliedern liefert für das symmetrische Kommunikationsnetzwerk erst bei elf Akteuren nur noch eine einzige Clique.

Anders ausgedrückt bedeutet das, dass der Kern des Kommunikationsnetzwerkes aus elf Akteuren besteht, die alle direkten Kommunikationskontakt untereinander haben. Mitglieder dieser in Abbildung 6.49 mittig hervorgehobenen Clique sind die Institutionen I1, I2, I3, I4, I5, I6 und die Unternehmen U2, U3, U4, U16 und U19.

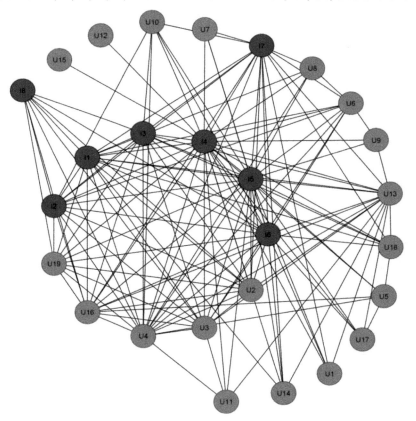

Abbildung 6.49: Hervorhebung der größten Clique im Kommunikationsnetzwerk (Quelle: Eigene Erhebung 2008).

6.3.4 Beurteilung des Netzwerkes nach Krätke und Scheuplein

KRÄTKE UND SCHEUPLEIN (2001, S. 70) weisen auf die hohe Bedeutung des Vergleichs von Produktionsclustern für die regionale Strukturpolitik hin. Sie fordern eine einheitliche methodische Vorgehensweise bei empirischen Clusteranalysen und schlagen für den Vergleich von „internen" Clusterqualitäten sieben zentrale Kriterien vor:

1. Ausmaß der Funktionsdifferenzierung im Cluster;
2. Netzwerk-Dichte (im Beziehungsnetz der Cluster-Akteure);
3. Netzwerk-Kohäsion (mit Bezug auf Komponenten-Bildung im Beziehungsnetz);
4. Netzwerk-Zentralisierung (im Transaktionsnetz der Cluster-Firmen);
5. Überregionale Transaktionsbeziehungen der Cluster-Firmen;
6. Räumliche (geographische) Verdichtung der Cluster-Firmen (innerhalb der Untersuchungsregion);
7. Qualität der institutionellen Infrastruktur des Produktionsclusters (Vielseitigkeit, Spezifik, Nutzungsgrad) (vgl. KRÄTKE U. SCHEUPLEIN 2001, S. 71).

Da sich die vorliegende Untersuchung stark an dem von Krätke und Scheuplein entwickelten Schema zur Untersuchung von Produktionsclustern orientiert, wurde ein großer Teil dieser Vergleichskriterien ebenfalls erfasst.

Bisher existieren weder andere Netzwerkanalysen der IT-Sicherheitsbranche in anderen Regionen noch Netzwerkanalysen anderer Branchen in derselben Region, so dass ein direkter Vergleich an dieser Stelle noch nicht möglich ist. Trotzdem soll auf die Kriterien kurz eingegangen werden, um einen Grundstein für einen späteren Vergleich mit ähnlichen Untersuchungen zu legen.

Das Ausmaß der Funktionsdifferenzierung im Cluster basiert auf einer „Feststellung der Spannweite des Leistungsspektrums der identifizierbaren Cluster-Unternehmen" (KRÄTKE U. SCHEUPLEIN 2001, S. 71). Das Leistungsspektrum wurde in Frage 7 des Unternehmensfragebogens erhoben und stellt sich als ausgesprochen umfangreich dar, da sich jedes Unternehmen auf einen anderen Bereich der IT-Sicherheit spezialisiert hat (vgl. Abbildung 6.7). Unter allen befragten Unternehmen konnten keine größeren Übereinstimmungen hinsichtlich des angebotenen Produkt- und Dienstleistungsspektrums festgestellt werden. Ein weiteres Ergebnis der Untersuchung ist, dass viele Unternehmen der Branche sowohl Produkte als auch Dienstleistungen anbieten und dies mit zum Teil mit sehr unterschiedlichen Standardisierungsgraden (vgl. Abbildung 6.15). Ein Beispiel hierfür ist ein Unternehmen, das eine eigene Software liefert, die jeweils an spezielle Kundenwünsche angepasst wird und ein zusätzlich buchbares Standarddienstleistungspaket anbietet, das festgelegte Installations- und Wartungsdienste umfasst.

Die Netzwerkdichte ist im symmetrischen ungewichteten Transaktionsnetzwerk aufgrund der vielen isolierten Akteure mit einem Wert von 0,094 sehr gering. Legt man für das Kommunikationsnetzwerk nur die echten ungewichteten und symmetrischen Relationen zugrunde, ergibt sich eine Dichte von 0,418. KRÄTKE UND SCHEUPLEIN (2001, S. 61) geben als „realistische" Werte für die Netzwerkdichte im Rahmen von Produktionsclustern einen Bereich zwischen 0 und maximal 0,4 an. Vor diesem Hintergrund ist das Kommunikationsnetzwerk in der Bochumer IT-Sicherheitsbranche als extrem dicht einzustufen.

Die Netzwerkkohäsion in Bezug auf Komponentenbildung ist im Kommunikationsnetzwerk ebenfalls sehr hoch, da es keine unzusammenhängenden Komponenten gibt. Im Transaktionsnetzwerk ist sie aufgrund zahlreicher isolierter Akteure sehr gering. Alle nicht isolierten Akteure bilden allerdings eine einzige zusammenhängende Komponente.

Die Netzwerkzentralisierung lässt sich auf Basis verschiedener Zentralitätsmaßzahlen errechnen. Ein hoher Wert bedeutet, dass das Netzwerk von wenigen zentralen Akteuren dominiert wird. Dies hat in der Regel den Vorteil, dass die Problemlösungsfähigkeit und Geschwindigkeit der Informationsverbreitung durch die zentrale Koordination steigt. Mit zunehmender Konzentration auf nur wenige Akteure steigt allerdings auch die Störanfälligkeit des Netzwerkes. Eine Berechnung auf Basis der Degree-Zentralität ergibt für das Transaktionsnetzwerk einen Wert von 0,392. Zum Vergleich liegen die Outdegree-Zentralisierung des Kommunikationsnetzwerkes bei 0,587 und die Indegree-Zentralisierung bei 0,414. Diese Werte liegen eher im durchschnittlichen Bereich, was zwar zu einer geringen Störanfälligkeit führt, allerdings auf Kosten der Effizienz des Gesamtnetzwerkes.

Da die überregionalen Transaktionsbeziehungen der Clusterfirmen mit keiner Maßzahl der Netzwerkanalyse erfasst werden können, sei hier auf die Ergebnisse von Frage 17 verwiesen (vgl. Abbildung 6.19 und 6.20).
Wenn man als Region das Ruhrgebiet zugrunde legt, sind 90 % der Zulieferer und 88 % der Kunden der Unternehmen als überregional anzusehen. Nimmt man, um

den Regionsbegriff etwas weiter zu fassen, stattdessen das Land Nordrhein-Westfalen als nächst höhere Bezugsgröße, ergeben sich daraus 85 % überregionale Zulieferbeziehungen und 61 % überregionale Kundenbeziehungen. Auf der positiven Seite bedeutet dies, dass keine Gefahr einer Lock-In-Situation besteht. Auf der negativen Seite fehlen den Unternehmen damit Lokalistationsvorteile die auf der räumlichen Nähe zu spezialisierten Zulieferern beruhen.

Über die räumliche Verdichtung der Cluster-Firmen innerhalb der Untersuchungsregion wurden in der durchgeführten Befragung keine Daten erhoben, da der Untersuchungsraum auf das Stadtgebiet von Bochum beschränkt ist. Um Aussagen über eine räumliche Verdichtung von Cluster-Firmen auf regionaler Ebene zu tätigen, können allerdings externe Quellen herangezogen werden. Abbildung 6.50 zeigt die regionale Verteilung von IT-Sicherheitsfirmen in NRW entsprechend der Studie von HGI und ISEB.

Abbildung 6.50: Regionale Verteilung von IT-Sicherheitsfirmen in NRW (Quelle: PAAR U. KLEMPT 2007, S. 25)

Wie anhand der Abbildung zu erkennen ist, besitzt die Rhein-Ruhr-Schiene innerhalb von NRW den höchsten Besatz an IT-Sicherheitsfirmen. Insgesamt hat die
Studie 297 IT-Sicherheitsunternehmen in NRW identifiziert. Ein Großteil davon befindet sich in den Großstädten des Landes. Um Informationen über die kleinräumige
Verteilung der Unternehmen zu erhalten, wurde als weitere Quelle das vom if(is)
entwickelte Branchenbuch IT-Sicherheit (BITS) hinzu gezogen. Wie anhand von
Abbildung 6.51 erkennbar ist, sind auch viele kleinere Ansammlungen von Unternehmen über die gesamte Region verteilt.

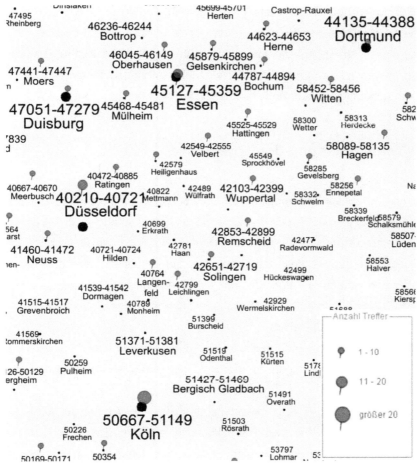

Abbildung 6.51: Regionale Verteilung von IT-Sicherheitsunternehmen innerhalb des Rhein-
Ruhrgebietes (Quelle: Eigene Darstellung nach IF(IS) 2008).

Nach den Daten des BITS ist NRW mit 249 eingetragenen IT-
Sicherheitsunternehmen deutschlandweit führend. Auf Platz zwei und drei folgen
Bayern mit 112 und Baden-Württemberg mit 77 Unternehmen.

An dieser Stelle sei allerdings darauf hingewiesen, dass das BITS erst seit 2007 besteht. Es ist also davon auszugehen, dass sich dort noch nicht alle IT-Sicherheitsfirmen eingetragen haben und die tatsächliche Anzahl an Unternehmen in diesem Wirtschaftszweig deutlich höher ist.

Die Qualität der institutionellen Infrastruktur wurde bereits umfangreich erörtert. Die Vielseitigkeit und Spezifik der von den Institutionen angebotenen Unterstützungsleistungen ist in Tabelle 6.1 aufgelistet. Abbildung 6.33 zeigt, dass diese Leistungen bei den Institutionen überwiegend „stark" nachgefragt werden und demnach einen hohen Nutzungsgrad besitzen. Die Analyse des Kommunikationsnetzwerks bestätigt diese Selbsteinschätzung, da alle Institutionen über sehr hohe Zentralitätswerte verfügen. Insgesamt ist die Qualität der institutionellen Infrastruktur innerhalb der IT-Sicherheitsbranche also als sehr hoch einzustufen.

6.4 Zusammenfassung der Ergebnisse

Fasst man alle Ergebnisse der empirischen Untersuchung zusammen, so zeichnet sich ein sehr heterogenes Bild der Bochumer IT-Sicherheitsbranche ab: Zwischen den Unternehmen gibt es so gut wie keine Übereinstimmungen hinsichtlich der angebotenen Produkte und Dienstleistungen, des Standardisierungsgrades dieser Leistung oder den Lieferanten- und Kundenkreisen. Aus diesen Gründen lässt sich am Standort Bochum innerhalb der IT-Sicherheitsbranche keine Konkurrenz zwischen den Unternehmen feststellen.

Im Rückbezug auf die eingangs formulierten Forschungsfragen ist zunächst zu klären, welche Geschäftsbeziehungen es zwischen den Unternehmen der Bochumer IT-Sicherheitsbranche gibt.

Die Analyse des Transaktionsnetzwerkes zeigt, dass es innerhalb der Bochumer IT-Sicherheitsbranche nur recht wenige Transaktionsbeziehungen gibt. Sowohl Dichte als auch Kohäsion des Netzwerkes sind sehr gering. Ohne die hohe Degree-Zentralität von Unternehmen 4, dem damit eine Cutpoint-Funktion zukommt, würde das Netzwerk vollkommen zerfallen. Das bedeutet nicht, dass die befragten Firmen generell wenige Geschäftskontakte haben, sondern eher, dass die Geschäftspartner nicht derselben Branche angehören oder mehrheitlich außerhalb von Bochum anzutreffen sind. In diesem Fall trifft beides zu. Viele der Lieferanten stammen zwar ebenfalls aus der IT-Sicherheitsbranche (vgl. bezogene Produkte und Leistungen unter Frage 8 und freie Nennung von Lieferanten unter Frage 19), sind aber nicht in

Bochum oder der näheren Umgebung ansässig, wie die Untersuchung der räumlichen Verteilung der Zulieferer zeigt (vgl. Abbildung 6.19).

Die Kunden stammen zwar zu einem weitaus größeren Anteil aus der näheren Umgebung von Bochum (vgl. Abbildung 6.20), gehören allerdings nur recht selten ebenfalls zur IT-Sicherheitsbranche. Insgesamt beliefern die Bochumer IT-Sicherheitsunternehmen eine Vielzahl unterschiedlicher Branchen. Schwerpunkte liegen in den Bereichen Automotive, Banken und Finanzen, Regierungseinrichtungen und Telekommunikation. Der Grund hierfür liegt in der Funktion von IT-Sicherheit als Grundlagen- und Querschnittstechnologie. Das bedeutet, dass IT-Sicherheit eine Voraussetzung für die Wertschöpfung in Bereichen ist, die auf den Schutz der Vertraulichkeit von Daten und die Gewährleistung von Integrität und Verfügbarkeit der dort eingesetzten IT-Systeme angewiesen sind.

Beispiele für Anwendungen, die ohne IT-Sicherheit nicht möglich sind, sind das Onlinebanking im Bereich Banken und Finanzen, elektronische Wegfahrsperren im Bereich Automotive, die elektronische Gesundheitskarte im Gesundheitswesen, abhörsichere Telefonanlagen in der Telekommunikationsbranche und der gesamte Bereich des eCommerce.

Die zweite Forschungsfrage lautet „Welche Kommunikationsbeziehungen gibt es zwischen den Unternehmen und Institutionen der Bochumer IT-Sicherheitsbranche?"

Das Ergebnis der Netzwerkanalyse ist, dass es innerhalb der Bochumer IT-Sicherheitsbranche eine große Anzahl an Akteuren mit umfangreichen Kommunikationsbeziehungen gibt. Dies führt zu einem sehr dichten Netzwerk, das keine Komponenten oder isolierten Akteure aufweist. In der Regel handelt es sich bei den zentralsten Akteuren um Institutionen, die einen sehr stark komprimierenden Effekt auf das Netzwerk ausüben. Da gleich mehrere Institutionen zu fast allen Akteuren im Netzwerk in direktem Kontakt stehen, verkürzt sich die maximale Länge des kürzesten Pfades zwischen zwei Akteuren auf nur zwei Schritte. Für die Unternehmen bedeutet das, dass sie selber keine umfangreichen Netzwerkbeziehungen aufrechterhalten müssen, da eine Anfrage bei einer der zentralen Institutionen ausreicht, um einen Kontakt zu allen anderen Akteuren vermittelt zu bekommen.

Das Grundmuster des Kommunikationsnetzwerkes sieht unter Einbeziehung aller in der Untersuchung angewandten Zentralitätskonzepte wie folgt aus: Eine hohe Anzahl an Akteuren mit einer Vielzahl an Kommunikationsbeziehungen (hohen Degrees) führt dazu, dass sich alle Akteure auf kurzen Wegen gut erreichen können (hohe Closeness-Werte besitzen) und dabei oft die Wahl zwischen verschiedenen Vermittlern haben (generell niedrige Betweenness-Werte).

Aus der Menge an sehr zentralen Akteuren stechen vor allem Institution 4, die mit nahezu allen anderen Akteuren in direktem Kontakt steht sowie Institution 5 hervor, die über fast genauso viele Kontakte verfügt. Auf Seiten der Unternehmen fällt erneut das bereits im Transaktionsnetzwerk sehr zentrale Unternehmen 4 auf. Im Kommunikationsnetzwerk übertrifft Unternehmen 4 sogar die Zentralitätswerte der meisten Institutionen.

Informationen, die zur Beantwortung der dritten Forschungsfrage dienen („Wie wichtig sind für diese Branche der wechselseitige Austausch von Informationen und der enge Kontakt zur Forschung?"), finden sich an mehreren Stellen.
Die in Abbildung 6.22 dargestellten Antworten auf Frage 21 zeigen, dass nahezu alle Unternehmen den Austausch von Informationen mit anderen Unternehmen und Institutionen als wichtig oder sehr wichtig einstufen. Hierfür spricht auch, dass bis auf eine Ausnahme alle Unternehmen Mitglied in einem oder mehreren Netzwerken sind (vgl. Abbildung 6.23).
Eine tiefer greifende Analyse auf Basis des Cliquen-Konzepts bringt in dem sehr dichten Kommunikationsnetzwerk eine Gruppe von elf Mitgliedern zum Vorschein, die alle in sehr engem Kontakt zueinander stehen. Diese Clique besteht aus sechs Institutionen und fünf Unternehmen und bildet das Zentrum des Kommunikationsnetzwerkes. Ein Vergleich mit den Ergebnissen von Frage 12 des Unternehmensfragebogens zeigt (vgl. Abbildung 6.13), dass alle Unternehmen der Clique zu den sieben Unternehmen zählen, die mehr als 75 % ihres Umsatzes mit IT-Sicherheit erwirtschaften. Daraus lässt sich schließen, dass insbesondere jene Unternehmen, die sich sehr stark oder vollständig auf IT-Sicherheit spezialisiert haben, den engen Kontakt zueinander und zu den mit der Branche verbundenen Institutionen suchen.

Nicht zuletzt verdeutlicht Abbildung 6.5, dass die Unternehmen die Nähe zur Ruhr-Universität und dem HGI besonders schätzen und Abbildung 6.3 zeigt, dass dies ebenfalls ein wichtiges Kriterium für die Ansiedlung beziehungsweise Gründung vieler Betriebe war.

Gegenstand der vierten Forschungsfrage ist die zukünftige Entwicklung der Branche. Wie anhand von Abbildung 6.1 erkennbar ist, sind die meisten Unternehmen der Bochumer IT-Sicherheitsbranche noch recht jung, zudem ist die Zahl der Unternehmen in diesem Wirtschaftszweig im Vergleich zu der Anzahl an Unternehmen in anderen Bochumer Branchen noch gering. Wie eingangs bereits erwähnt, gibt es kaum Übereinstimmungen zwischen den angebotenen Leistungen, den Standardisierungsgraden und den Kundenkreisen, so dass keinerlei Konkurrenzsituationen erkennbar sind. Diese Faktoren deuten an, dass der Markt für IT-Sicherheit noch nicht vollständig erschlossen ist und noch viel Raum für die Gründung neuer und das Wachstum bestehender Unternehmen bietet.

Hinzu kommt, dass viele Studien davon ausgehen, dass dem Thema IT-Sicherheit in Zukunft eine noch höhere Bedeutung zukommen wird und sich der Markt insgesamt weiter ausdehnen wird. Diese Einschätzung wird auch von den in Bochum befragten Akteuren geteilt. Die große Mehrheit rechnet mit einem Wachstum der Branche, im schlechtesten Fall wird von einer Stagnation ausgegangen (vgl. Abbildung 6.26 und 6.34). Fast alle Interviewpartner gehen davon aus, dass ihr Unternehmen an diesem Wachstum teilhaben wird (vgl. Abbildung 6.27).

Vor dem Hintergrund dieser Prognosen ist mit einer zunehmenden Zahl an neugegründeten Unternehmen in dieser Branche und einer Ausdehnung der Geschäftsfelder der bestehenden Unternehmen zu rechnen, was langfristig auch zu mehr Wettbewerb führen wird. Mit diesem Wettbewerb geht ein stärkerer Druck zu Rationalisierung und Spezialisierung auf wenige Wertschöpfungsstufen einher, was dazu führen kann, dass sich auch innerhalb der IT-Sicherheitsbranche neue Wertschöpfungsketten entwickeln.

Für das Ruhrgebiet besteht dabei nach Meinung der befragten Akteure eine Chance, zukünftig zu Europas führendem Standort für IT-Sicherheit zu werden. Zwar ist die Mehrheit hier noch skeptisch, steht dieser Vision jedoch auch nicht ablehnend gegenüber.

7 Fazit und Handlungsempfehlungen

Zum Abschluss ist noch zu klären, welche Rückschlüsse die Untersuchung der Bochumer IT-Sicherheitsbranche auf die Existenz bzw. den Entwicklungsstand eines regionalen IT-Sicherheitsclusters zulässt.

Die Ergebnisse der Studie „IT-Sicherheit in NRW", die Einträge im BITS, die räumliche Verteilung der Mitglieder der Xing-Gruppe und Gespräche, die mit Branchenkennern aus anderen Städten der Region beim zweiten Treffen der AG ITS geführt wurden, deuten darauf hin, dass in den anderen großen Städten der Region mit Bochum vergleichbare Konzentrationen von IT-Sicherheitsunternehmen existieren, die ähnliche Vernetzungsstrukturen aufweisen.
Betrachtet man die hohe Konzentration von IT-Sicherheitsunternehmen in der Rhein-Ruhr-Region, zusammen mit den in jüngerer Vergangenheit und auch aktuell ablaufenden Aktivitäten zur Netzwerk und Clusterbildung auf dieser Ebene (vgl. Kapitel 4.4.6 und 4.4.7) sowie den durch die Netzwerkanalyse nachgewiesenen Kommunikationsbeziehungen der befragten Akteure innerhalb der Bochumer IT-Sicherheitsbranche und zu anderen Akteuren in der Region, bestätigt sich die Vermutung, dass die Bochumer IT-Sicherheitsbranche Teil eines regionalen IT-Sicherheitsclusters ist.

Als Indikatoren für den Entwicklungsstand der Bochumer Branche lassen sich die Anzahl an Unternehmen in der Branche verwenden, das Alter und das bisherige und prognostizierte Wachstum dieser Unternehmen sowie die Dichte des Transaktions- und Kommunikationsnetzwerkes. Eine gemeinsame Auswertung dieser Indikatoren führt zu dem Ergebnis, dass die Bochumer IT-Sicherheitsbranche die Anforderungen an einen reifen Cluster nicht vollständig erfüllen kann. Einerseits sind die Unternehmen auf der Kommunikationsebene exzellent vernetzt und es existiert eine hochwertige institutionelle Infrastruktur, die nicht nur Grundlage für die gute Vernetzung ist, sondern auch wichtige Ressourcen für die Unternehmen bereitstellt. Hierzu zählen die Ausbildung von hochqualifizierten Fachkräften, die Weiterbildung von Mitarbeitern oder auch Forschungskooperationen, womit wichtige Voraussetzungen für die Entstehung von Wissens-Spillover, Innovationen und Spin-Offs gegeben sind.

Andererseits sind die Verflechtungen im lokalen Transaktionsnetzwerk noch sehr gering. Die Unternehmen sind vom Typ her zu heterogen, als dass Konkurrenz auftreten könnte. Damit fehlt ein wichtiger Faktor, der die Produktivität eines Clusters bestimmt.

Die Anzahl an Unternehmen in der Branche ist ebenfalls noch sehr gering, so dass Bochum allein nicht die kritische Masse an Unternehmen erreicht, die notwendig ist, um Clustervorteile auszulösen. Trotz der guten Wachstumsaussichten ist auch nicht davon auszugehen, dass Bochum alleine in absehbarer Zeit eine ausreichende Masse an IT-Sicherheitsunternehmen generieren kann.

Zur Relativierung ist allerdings anzumerken, dass weltweit nur sehr wenige Städte eigene Cluster hervorbringen (ein Beispiel hierfür ist die Filmindustrie in Hollywood).

Wenn man sich von der lokalen Ebene löst und eine regionale Perspektive einnimmt, zeigt die Studie von HGI und ISEB, dass sich in der Rhein-Ruhr-Region eine ausreichende Masse an Unternehmen befindet, um positive Clustereffekte zu erzielen (vgl. PAAR U. KLEMPT 2007, S. 25). Auf dieser Ebene ist die Vernetzung allerdings noch so weit fortgeschritten wie in Bochum. Dies zeigt sich zum Beispiel daran, dass die Mitglieder AG ITS derzeit noch damit beschäftigt sind, einen Überblick über alle vernetzungsinteressierten IT-Sicherheitsunternehmen der Region und die von diesen Unternehmen angebotenen Produkte und Leistungen zu bekommen. Am 08.10.2008 fand zu diesem Zweck ein Kompetenzforum statt, das allen interessierten Unternehmen die Möglichkeit gab, sich in einem kurzen Vortrag zu präsentieren.

Der Arbeitskreis „Technologische Kooperation (B2B)" der AG ITS arbeitet derzeit an der Entwicklung einer Kompetenzmatrix, in die die Unternehmen für bestimmte Geschäftsfelder wie Maschinenbau, Medizintechnik oder Netzwerksicherheit ihre Kompetenzen in den Bereichen Dienstleistung, Software- und/oder Hardware-Entwicklung eintragen können.

Andere Arbeitskreise sind aktuell damit beschäftigt, Kooperationsmöglichkeiten zwischen den beteiligten Unternehmen und Institutionen zu suchen.

Der regionale IT-Sicherheitscluster entspricht aus evolutionärer Perspektive daher vom Typus her einem latenten Cluster, da hier zwar die benötigte kritische Masse an Unternehmen vorhanden ist, der Cluster aber vor allem im Transaktionsnetzwerk noch Defizite bei der Interaktion aufweist (vgl. Kapitel 2.2.1).

Der evolutionäre Entwicklungsstand des Clusters deutet an, dass das window of locational opportunity noch geöffnet ist, allerdings formieren sich derzeit in Darmstadt, Karlsruhe und Regensburg ebenfalls Clusterinitiativen und Netzwerke im

Bereich IT-Sicherheit (vgl. DZI 2008; CAST e.V. 2003; KA-IT-SI 2006; IT-SECURITY-CLUSTER REGENSBURG 2008). Insofern ist damit zu rechnen, dass sich das Fenster der Standortwahlfreiheit für IT-Sicherheitsunternehmen in absehbarer Zeit zugunsten eines dieser Standorte schließen wird. Sofern die Akteure aus der Rhein-Ruhr-Region ihren Cluster zu Deutschlands oder gar Europas führendem Cluster für IT-Sicherheit entwickeln wollen, sollten sie versuchen, möglichst schnell eine eigendynamische Entwicklung zu erreichen, indem Stärken weiter ausgebaut und Schwächen abgebaut werden.

Auf Basis der Ergebnisse der vorliegenden Untersuchung lassen sich für den Standort Bochum einige Handlungsempfehlungen aussprechen, die auch gleichzeitig positive Auswirkungen auf den gesamten Cluster haben bzw. in anderen Städten der Region mit ähnlicher Problemlage ebenfalls umgesetzt werden können.

Wie die Netzwerkanalyse zeigt, liegt ein Schwachpunkt der Bochumer IT-Sicherheitsbranche in der sehr heterogenen Unternehmensstruktur und dem daraus resultierenden mangelnden Wettbewerb der Unternehmen untereinander. Damit mehr Wettbewerb entsteht, muss die Zahl an Unternehmen in der Branche gesteigert werden. Dies würde alle Marktlücken schließen, die es bisher noch ermöglichen, der Konkurrenz aus dem Weg zu gehen.

Zum Erreichen dieses Ziels bieten sich mehrere Ansatzpunkte: Zunächst sollten Gründungen im IT-Sicherheitsbereich stark gefördert werden. Aufgrund der positiven Erfahrungen mit dem themenoffenen Gründungswettbewerb „Senkrechtstarter" wäre ein an das Thema IT-Sicherheit gebundener Gründungswettbewerb unter der Führung von Bochum2015 eine geeignete Maßnahme. Um möglichst viele Gründer zu erreichen, sollte der Wettbewerb wie schon der „Senkrechtstarter" für Interessierte aus ganz Deutschland offen sein und auch in anderen Städten stark beworben werden. Um die Reichweite zu erhöhen und nicht den Eindruck zu erwecken, dass es sich um einen Bochum internen Wettbewerb handelt, könnten weitere Partner aus anderen Städten in die Organisation miteinbezogen werden.

Die Untersuchung der Bochumer IT-Sicherheitsbranche hat ergeben, dass bisher nur ein geringer Anteil der IT-Sicherheitsunternehmen als Spin-off entstanden ist (vgl. Abbildung 6.2). In Kapitel 2.2.1 wurde anhand der Inkubatorhypothese erklärt, dass Spin-offs im Clusterungsprozess eine entscheidende Rolle spielen, da sie dazu neigen, sich in der Nähe der Unternehmen oder Institutionen anzusiedeln, aus denen sie hervorgegangen sind. Aus diesem Grund sollten vor allem Spin-offs besonders stark gefördert werden. Einer der Faktoren, der im Silicon Valley eine Vielzahl an Unternehmensgründungen begünstigt, ist der leichte Zugang zu Risikokapital. Wie Tabelle 6.1 zeigt, ist die direkte Vergabe von Fördermitteln das einzige Instrument, das von den Bochumer Institutionen bisher nicht angewendet wird. Aus diesem Grund sollten Maßnahmen entwickelt werden, Gründer mit günstigen Krediten und Finanzierungshilfen zu unterstützen bzw. einen leichteren Zugang zu Risikokapital zu ermöglichen. Es sollten daher Banken und Investoren direkt angesprochen werden, um sie für die IT-Sicherheitsbranche zu interessieren und diese im Idealfall in die Clusterbildung mit einzubeziehen.

Ebenso wichtig wie Gründungen zu fördern, ist es, gut ausgebildete Fachkräfte in der Region zu halten bzw. aus anderen Regionen anzuwerben. Als negative Punkte wurden in den Interviews das Stadtbild und das Image von Bochum genannt, wodurch es in einigen Fällen problematisch wird, neue Mitarbeiter für den Standort zu rekrutieren. Hier scheinen flankierende Maßnahmen seitens der Stadtentwicklung und des Stadtmarketings notwendig, um attraktiven Wohn- und Lebensraum für Hochqualifizierte zu schaffen und gegebenenfalls vorhandene Vorurteile gegenüber der Lebensqualität in Bochum und im Ruhrgebiet abzubauen.

Ein weiteres Ergebnis der vorliegenden Untersuchung ist, dass die Mehrheit der Zulieferer der befragten Unternehmen nicht aus der Region stammt. Um auch bei den vertikalen Verflechtungen Vorteile durch räumliche Nähe zu erzielen, sollten Anreize für Zuliefererunternehmen geschaffen werden, sich in der Region niederzulassen. Dazu ist es zunächst nötig, die Stärken der Region im IT-Sicherheitsbereich wesentlich offener zu kommunizieren. Abgesehen von dem erst kürzlich erschienenen Standortflyer von Bochum2015, verfügt die Branche in der Region über keinerlei Außendarstellung. Ein erster Schritt zur Errichtung eines effektiven Standortmarketings könnte die Entwicklung einer eigenen Website sein. Diese könnte von den Unternehmen genutzt werden, um sich gemeinsam als Standortverbund zu präsentieren. Kunden könnten sich dort über das Leistungsspektrum der Unternehmen informieren und die Stärken der Region im Bereich Forschung und Ausbildung ebenso verdeutlicht werden. Zudem könnte die Internetseite den Unternehmen als Kommunikations- und Koordinationsplattform dienen.

Dem Zentrum für IT-Sicherheit sollte im Standortmarketing eine wichtige Rolle zukommen. Aufgrund seiner speziell für IT-Sicherheitsunternehmen konzipierten technischen Infrastruktur stellt das ZITS ein Alleinstellungsmerkmal für den Standort dar, dessen Potenzial jedoch bisher nicht vollständig ausgenutzt wird. Einige der befragten Unternehmen äußerten sich kritisch zur derzeitigen Betreiberstruktur des Zentrums, die ihrer Meinung nach nicht flexibel genug auf die speziellen Anforderungen der IT-Sicherheitsfirmen reagiert. Es sollte daher in Erwägung gezogen werden, die

Zuständigkeit für das ZITS neu zu organisieren, um den Bedürfnissen der Mieter besser gerecht zu werden. Die Außendarstellung des Zentrums ist bisher ebenfalls noch ausbaufähig und sollte durch einen Internetauftritt verbessert werden.

Auch internationale Messen wie z. B. die CeBit können für eine gemeinsame Präsentation der Clusterkompetenzen genutzt werden. Eine Kooperation in Form eines Gemeinschaftsstandes kann so auch den zahlreichen kleineren Unternehmen der Branche die Möglichkeit bieten, sich dort zu präsentieren. Durch die verbesserte Sichtbarkeit des Clusters können internationale Investoren angezogen und Zulieferer dazu motiviert werden, sich innerhalb der Clusterregion anzusiedeln.

Große Chancen für die zukünftige Entwicklung des Clusters bietet der aktuell noch laufende Landeswettbewerb IKT.NRW, an dem sich mehrere Bochumer Institutionen mit einem Verbundantrag beteiligen (vgl. Kapitel 4.4.7). Mit den Mitteln aus dem Wettbewerb soll innerhalb des Landesclusters IKT.NRW ein Subclustermanagement im Bereich IT-Sicherheit geschaffen werden. Auch wenn die Bochumer Akteure den Wettbewerb nicht gewinnen, sollten sie eine enge Zusammenarbeit mit dem neuen Clustermanagement anstreben.

Die Netzwerkanalyse hat ergeben, dass das Kommunikationsnetzwerk über mehrere Akteure mit ähnlicher Zentralität verfügt und daher nicht sehr stark zentralisiert ist. Das zukünftige Clustermanagement kann sich als Vermittler zwischen den verschiedenen Netzwerken positionieren und deren Aktivitäten zentral koordinieren. Durch die stärkere Zentralisierung können Redundanzen verringert und Abstimmungsprozesse beschleunigt werden, wodurch die Steuerungsfähigkeit der gemeinsamen Clusteraktivitäten steigt.

In der noch frühen Phase der Clusterentwicklung kann die Zentralisierung und starke Unterstützung durch die Institutionen dazu beitragen, den Clusterungsprozess zu beschleunigen. Bisher ist das Netzwerk auch noch sehr stark auf die Institutionen ausgerichtet. Langfristig werden alle von der öffentlichen Hand geplanten Maßnahmen allerdings nur dann Effekte erzielen können, wenn sie auch von den Unternehmen mit getragen werden. Es ist daher davon auszugehen, dass die Clusterentwicklung nur dann erfolgreich verlaufen wird, wenn es gelingt, die Unternehmen sukzessive immer stärker in die Steuerung und auch die Finanzierung des Clusters einzubeziehen. Die Zusammenarbeit mit dem Unternehmen G Data bei der Organisation der AG ITS ist bereits ein Schritt in diese Richtung.

Allerdings darf nicht vergessen werden, dass die vorliegende Untersuchung nur eine Momentaufnahme des Clusters liefert. Um die weitere Entwicklung des Clusters zu verfolgen, wird dem kommenden Clustermanagement empfohlen, aufbauend auf der Methodik und den Ergebnissen dieser Arbeit, zukünftig weitere Netzwerkanalysen durchzuführen. Die damit erhobenen Daten können genutzt werden, um Veränderungen in der Netzwerkstruktur sichtbar zu machen, die zur Clusterförderung vorgesehenen Maßnahmen an den aktuellen Entwicklungsstand des Clusters anzupassen und die Effektivität der bereits umgesetzten Maßnahmen zu messen. Die Netzwerkanalyse bietet sich damit als Instrument des Controlling und der Evaluation für das Clustermanagement an.

Abschließend zusammengefasst präsentiert sich die IT-Sicherheitsbranche in Bochum und der umliegenden Region als noch junger, aber sehr dynamischer Wirtschaftszweig. Innerhalb des regionalen IT-Sicherheitsclusters nimmt Bochum aufgrund der dort konzentrierten institutionellen Kompetenzen eine besondere Position ein. Die Netzwerkanalyse konnte nachweisen, dass vor allem die stark auf IT-Sicherheit spezialisierten Unternehmen in engem Kontakt untereinander und zu den fördernden Einrichtungen stehen (vgl. Kapitel 6.3.3). Ein Großteil der geschäftlichen Beziehungen sind bisher noch überregional, was damit zusammenhängt, dass die Unternehmen erst seit kurzem damit beschäftigt sind, Informationen über den regionalen Markt zusammenzutragen und Kooperationsmöglichkeiten mit anderen Unternehmen oder Forschungseinrichtungen zu suchen. Mit zunehmender Vernetzung ist damit zu rechnen, dass durch die Zusammenarbeit Innovationen entstehen und sich neue Wertschöpfungsketten entwickeln. Bis es soweit ist müssen allerdings noch einige Schwachpunkte beseitigt werden, vor allem im Bereich der Außendarstellung. Ein professionelles Clustermanagement kann einen wesentlichen Beitrag dazu leisten, den latenten Cluster zu einem reifen Cluster weiterzuentwickeln. Sofern dieser Prozess schneller als in den anderen Regionen, die derzeit IT-Sicherheitscluster fördern, vollzogen wird, bestehen gute Chancen, dass sich die Rhein-Ruhr-Region zukünftig zu Deutschlands und vielleicht auch Europas führendem Cluster für IT-Sicherheit entwickeln wird.

Literaturverzeichnis

ASHEIM, B., COOKE, P. U. R. MARTIN (Hrsg.) (2006): Clusters and regional development - critical reflections and explorations. London

ATTESLANDER, P. (2008[12]): Methoden der empirischen Sozialforschung. Berlin

AYDALOT, P. (Hrsg.) (1986): Milieux innovateurs en Europe. Paris.

BATHELT, H. U. J. GLÜCKLER (2000): Netzwerke, Lernen und evolutionäre Regionalentwicklung. In: Zeitschrift für Wirtschaftsgeographie, Jg. 44, H. 3-4, S. 167-182

BATHELT, H., MALMBERG, A. U. P. MASKELL (2004): Clusters and knowledge. Local Buzz, global pipelines and the process of knowledge creation. In: Progress in Human Geography, Bd. 28, H. Nr. 1, S. 31-56

BATHELT, H. U. U. DEWALD (2008): Ansatzpunkte einer relationalem Regionalpolitik und Clusterförderung. In: Zeitschrift für Wirtschaftsgeographie, Jg. 52, H. 2-3, S. 163-179

BMBF (Bundesministerium für Bildung und Forschung) (2007): Deutschlands Spitzencluster. Mehr Innovation – mehr Wachstum – mehr Beschäftigung. Berlin. Online unter: http://www.bmbf.de/pub/deutschlands_spitzencluster.pdf (letzter Abruf 08.10.08)

BMWi (Bundesministerium für Wirtschaft und Technologie) (2008): 11. Faktenbericht 2008. Berlin (=Monitoring Informations- und Kommunikationswirtschaft)

BONNET, W. (2006): Potentiale zur Entwicklung eines Nanotechnologieclusters am Beispiel der Region Münster. Saarbrücken

BRUSCO, S. (1990): Multiple equilibria and policy effectiveness. Milano. (=Quaderni di ricerca: Instituto die Economica Politica, Università Bocconi, 9)

BUTZIN, B. (2000): Netzwerke, Kreative Millieus und Lernende Region: Perspektiven für die regionale Entwicklungsplanung? In: Zeitschrift für Wirtschaftsgeographie, Jg. 44, H. 3-4, S. 149-166

COOKE, P. (1998): Intoduction: origins of the concept. In: BRACZYK, H., COOKE, P. U. M. HEI-DENREICH (Hrsg.): Regional Innovation Systems. London, S. 2-25

ENRIGHT, M.J. (2003): Regional Clusters: What we know and what we should know. In: BRÖCKLER, J., DOHSE, D. U. R. SOLTWEDEL (Hrsg.): Innovation cluster and interregional competition. Berlin, Heidelberg, New York, S. 99-129 (= Advances in Spatial Science)

FROMHOLD-EISEBITH, M U. G. EISEBITH (2008): Clusterförderung auf dem Prüfstand. In: Zeitschrift für Wirtschaftsgeographie, Jg. 52, H. 2-3, S. 79-94

FROMHOLD-EISEBITH, M U. G. EISEBITH (2005): How to institutionalize innovative Clusters? Comparing explicit top-down and implicit bottom-up approaches. In: Research Policy, Bd. 34, H.8, 1250-1268

FÜRST, D. (1998): Projekt- und Regionalmanagement. In: RITTER, E.H. (Hrsg.) (1998): Methoden und Instrumente räumlicher Planung. Hannover, S. 237-253

HASSINK, R. (1997): Die Bedeutung der Lernenden Regionen für die regionale Innovationsförderung. In: Geographische Zeitschrift, Jg. 85, H. 2-3, S. 159-173

HAYTER, R. (1997): The Dynamics of Industrial Location. The Factory, the Firm and the Production System. Chichester

HEIDENREICH, M. (2000): Regionale Netzwerke in der globalen Wissensgesellschaft. In: WEYER, J. (Hrsg.): Soziale Netzwerke. Konzepte und Methoden der sozialwissenschaftlichen Netzwerkforschung. München, Wien, S. 87-110 (=Lehr- und Handbücher der Soziologie)

HENN, S. (2008): Formierung und Wirkungsgefüge regionaler Technologiecluster – Das Beispiel Nanotechnologie im Saarland und in Berlin-Brandenburg. In: Zeitschrift für Wirtschaftsgeographie, Jg. 52, H. 2-3, S. 95-113

HOLZER, B. (2006): Netzwerke. Bielefeld

IIE (Institute for Information Economics) (2006): 6. Trendbericht und Trendbarometer 2006. Hattingen (=Monitoring Informationswirtschaft)

JANSEN, D. (2006³): Einführung in die Netzwerkanalyse - Grundlagen, Methoden, Forschungsbeispiele. Wiesbaden

KETELS, C.H.M., LINDQVIST, G. U. Ö.SÖLVELL (2006): Cluster initiatives in developing and transition Economies. Stockholm. Online unter: http://www.cluster-research.org/devtra.htm (letzter Abruf 07.10.08)

KIESE, M. U. L. SCHÄTZL (Hrsg.) (2008): Cluster und Regionalentwicklung - Theorie, Beratung und praktische Umsetzung . Dortmund

KIESE, M. (2008): Stand und Perspektiven der regionalen Clusterforschung. In: KIESE, M. U. L. SCHÄTZL (Hrsg.) (2008): Cluster und Regionalentwicklung - Theorie, Beratung und praktische Umsetzung . Dortmund, S. 9-50

KIESE, M. (2008a): Mind the Gap: regionale Clusterpolitik im Spannungsfeld von Wissenschaft, Politik und Praxis aus der Perspektive der Neuen Politischen Ökonomie. In: Zeitschrift für Wirtschaftsgeographie, Jg. 52, H. 2-3, S. 129-145

KNOKE, D. U. YANG S. (2008): Social network analysis. Los Angeles (=Sage university papers: Quantitative applications in the social sciences, H. 154)

KRÄTKE, S. U. C. SCHEUPLEIN (2001): Produktionscluster in Ostdeutschland - Methoden der Identifizierung und Analyse. Hamburg

MARTIN, R. U. P. SUNLEY (2003): Deconstructing cluster: chaotic concept or policy panacea? In: Journal of Economic Geography, Jg. 3, H. 1, S. 5-35

MENZEL, M.-P. (2008): Zufälle und Agglomerationseffekte bei der Clusterentstehung – eine vergleichende Diskussion des Core-priphery-Modells, des Window-of-locational-opportunity-Konzepts sowie stochastischer Ansätze. In: Zeitschrift für Wirtschaftsgeographie, Jg. 52, H. 2-3, S. 114-128

MOSSIG, I. (2008): Entstehungs- und Wachstumspfade von Clustern: Konzeptionelle Ansätze und empirische Beispiele. In: KIESE, M. U. L. SCHÄTZL (Hrsg.) (2008): Cluster und Regionalentwicklung - Theorie, Beratung und praktische Umsetzung. Dortmund, S. 50-66

MOSSIG, I. (2002): Konzeptioneller Überblick zu Erklärung der Existenz geographischer Cluster. Evolution, Institutionen und die Bedeutung des Faktors Wissen. In: Jahrbuch der Regionalwissenschaften Bd. 22, S. 143-166

OSTERHOFF, F. (2004): Clusterbildung in neuen Technologien: Möglichkeiten und Grenzen des Managements der Bildungsprozesse - das Beispiel der Brennstoffzellentechnologie. Hagen

PAAR, C. U. P. KLEMPT (2007): IT-Sicherheit in NRW. Bochum (=HGI Technical Report 4/2007) Online unter: http://www.hgi.rub.de/media/hgi/files/weitere/itSicherheitsstudieNRW2007.pdf (abgerufen am 13.10.08)

PORTER, M. E. (1999): Unternehmen können von regionaler Vernetzung profitieren. In: Harvard Businessmanager 3/1999, S. 51-63

PORTER, M. E. (1998): On Competition. Boston (=The Harvard business review book series)

PORTER, M. E. (1990): The Competitive Advantage of Nations. London

REHFELD, D. (2005): Perspektiven des Clusteransatzes: zur Neujustierung der Strukturpolitik zwischen Wachstum und Ausgleich. IAT-Report 2005-06.

REHFELD, D. (2005a): Grenzen wissenschaftlicher Politikberatung: Überlegungen zur zeitlichen Dimension am Beispiel der Strukturpolitik. In JENS, U. U. H. ROMAHN (Hrsg.): Glanz und Elend der Politikberatung. Marburg, S. 129-148

REHFELD, D. (1999): Produktionscluster: Konzeption, Analysen und Strategien für eine Neuorientierung der regionalen Strukturpolitik. München

ROSENFELD, S.A. (1997): Bringing Business Clusters into the Mainstream of Economic Development. In: European Planning Studies, Jg.5, H.1, S. 3-23.

SCHAMP, E. W. (2005): Cluster und Netzwerke als Werkezeuge der regionalen Entwicklungspolitik – Eine Kritik am Beispiel der Rhein-Main-Region. In: CERNAVIN, O., FÜHR, M., KALTENBACH, M. U. F. THIESSEN (Hrsg.) (2005): Cluster und Wettbewerbsfähigkeit von Regionen –

Erfolgsfaktoren regionaler Wirtschaftsentwicklung. Berlin, S. 91-110 (= Volkswirtschaftliche Schriften 543)

SCHAMP, E. W. (2000): Vernetzte Produktion. Industriegeographie aus institutioneller Perspektive. Darmstadt

SCHNEGG, M. U. H. LANG (2002): Netzwerkanalyse – Eine Praxisorientierte Einführung. o.O. (= Methoden der Ethnographie, H. 1). Online unter: http://www.methoden-der-ethnographie.de/heft1/Netzwerkanalyse.pdf (abgerufen am 08.10.08)

SCHNELL, R., HILL, P.B. U. E. ESSER (2008[8]): Methoden der empirischen Sozialforschung. München, Wien

SCOTT, A. (1988): New Industrial Spaces: Flexible Production Organization and Regional Development in North America and Western Europe. London

STORPER, M. U. R. WALKER (1989): The Calitalist Imperativ. Territory, Technology, and Industrial Growth. Oxford

THOMI, W. U. R. STERNBERG (2008): Cluster – zur Dynamik von Begrifflichkeiten und Konzeptionen. In: Zeitschrift für Wirtschaftsgeographie, Jg. 52, H. 2-3, S. 73-78.

TRAPPMANN, M., HUMMELL, H.J. U. W. SODEUR (2005): Strukturanalyse sozialer Netzwerke. Konzepte, Modelle, Methoden. Wiesbaden (=Studienskripten zur Soziologie)

WEISCHER, C. (2007): Sozialforschung. Konstanz (=UTB 2924: Soziologie)

VYBORNY, M. U. G. MAIER (2008): Die Regionalforschung als Anwendungsgebiet der Netzwerkanalyse? In: C. STEGBAUER (Hrsg.) (2008): Netzwerkanalyse und Netzwerktheorie. Wiesbaden, S. 401- 412

Internetquellen

AGENTUR FÜR ARBEIT BOCHUM (2008): Arbeitsmarktbericht August 2008. Online unter: http://www.arbeitsagentur.de/Dienststellen/RD-NRW/Bochum/AA/A01-Allgemein-Info/Publikation/pdf/Arbeitsmarktbericht-2008-08.pdf (abgerufen am 26.09.08)

AG ITS (2008): Xing Gruppe der Arbeitsgemeinschaft IT-Sicherheit. Online unter: https://www.xing.com/net/itsbreakfast/ (abgerufen am 13.10.08)

BOCHUM2015 (2008): Kick-off „Arbeitsgruppe IT-Sicherheit" in Bochum. Pressemitteilung vom 04.06.2008. Online unter: www.bochum2015.de (abgerufen am 15.06.08)

BRANDT, A. u. KRÄTKE, S. (2007): Wissensvernetzung in der Metropolregion Hannover-Braunschweig-Göttingen: Ergebnisse der Netzwerkanalyse sowie strategische Entwicklungspotenziale. Online unter: http://www.kraetke.privat.t-online.de/Vortrag2_Netzwerkanalyse.pdf (abgerufen am 10.10.08)

BSI (Bundesamt für Sicherheit in der Informationstechnik) (2007): IT-Grundschutzkataloge 9. Ergänzungslieferung. Online unter: http://www.bsi.bund.de/gshb/deutsch/download/it-grundschutz-kataloge_2007_de.pdf (abgerufen am 08.10.2008)

CAPGEMINI (2008): IT-Trends 2008. Online unter: http://www.de.capgemini.com/m/de/tl/IT-Trends_2008.pdf (abgerufen am 15.06.08)

CAST E.V. (Competence Center for Applied Security Technology) (2003): Satzung des CAST e.V. Online unter: http://www.castforum.de/files/download/CAST_satzung_031023.pdf (abgerufen am 15.10.08)

DZI (Darmstädter Zentrum für IT-Sicherheit) (2008): Homepage des Darmstädter Zentrums für IT-Sicherheit. Online unter: http://www.dzi.tu-darmstadt.de/ (abgerufen am 15.10.08)

EUROPÄISCHE UNION (o.J.): European Cluster Observatory. Online unter: http://www.clusterobservatory.eu (abgerufen am 08.10.08)

IF(IS) (Institut für Internet-Sicherheit) (o.J.): Branchenbuch IT-Sicherheit. Online unter: http://www.branchenbuch-it-sicherheit.de/ (abgerufen am 10.10.08)

IHK BOCHUM (2008): Die „Wissensregion" Mittleres Ruhrgebiet. Online unter: http://www.bochum.ihk.de (abgerufen am 26.09.08)

IT-SECURITY-CLUSTER REGENSBURG (2008): Homepage des IT-Security-Cluster Regensburg. Online unter: www.regensburg.it/itsecurity (abgerufen am 15.10.08)

KA-IT-Sl (Karlsruher IT-Sicherheitsinitiative) (2006): Fünf Jahre „Cluster IT-Sicherheit" in Karlsruhe. Pressemitteilung vom 11.08.06. Online unter: http://www.ka-it-si.de/presse_doc/pm37-ka-it-si.pdf (abgerufen am 15.10.08)

LDS NRW (Landesamt für Datenverarbeitung und Statistik NRW) (2008): Kommunalprofil der Stadt Bochum. Online unter: http://www.lds.nrw.de/kommunalprofil/l05911.pdf (abgerufen am 26.09.08)

STMWIVT (Bayerisches Staatsministerium für Wirtschaft, Infrastruktur, Verkehr und Technologie) (2008): Clusteroffensive Bayern – im Netzwerk zum Erfolg. Online unter: http://www.allianzbayerninnovativ.de/_Downloads/Cluster_Offensive_Bayern.pdf (abgerufen am 08.10.08)

Autorenprofil

Jan-Alexander Scheideler, geb. 1982, studierte Geographie an der Westfälischen Wilhelms-Universität Münster, Abschluss 2008.